Kerstin Weinl
Erfolgreich recherchieren – Informatik
De Gruyter Studium

Erfolgreich recherchieren

Herausgegeben von
Klaus Gantert

Kerstin Weinl

Erfolgreich recherchieren – Informatik

DE GRUYTER
SAUR

ISBN 978-3-11-029894-9
e-ISBN 978-3-11-029895-6
ISSN 2194-3443

Library of Congress Cataloging-in-Publication Data
A CIP catalog record for this book has been applied for at the Library of Congress.

Bibliografische Information der Deutschen Nationalbibliothek
Die Deutsche Nationalbibliothek verzeichnet diese Publikation in der
Deutschen Nationalbibliografie; detaillierte bibliografische Daten
sind im Internet über http://dnb.dnb.de abrufbar.

© 2013 Walter de Gruyter GmbH, Berlin/Boston
Satz: le-tex publishing services GmbH, Leipzig
Druck und Bindung: Hubert & Co. GmbH & Co. KG, Göttingen
♾ Gedruckt auf säurefreiem Papier
Printed in Germany

www.degruyter.com

Vorwort

Was der Informatiker und Gesellschaftskritiker Joseph Weizenbaum über die Suche nach alltäglicher Information sagt, gilt erst recht für die Recherche nach wissenschaftlichen Publikationen – denn Suchmaschinen ist aus technischen und lizenzrechtlichen Gründen der Blick auf die interessantesten und hochwertigsten Daten verwehrt. Google Scholar, Citeseer[X], Web of Science ... – eine Fülle von Suchinstrumenten steht zur Verfügung, um wissenschaftliche Informationen zu finden. Doch wie findet man sich in dieser Informationsflut zurecht? Wie Sie mit dem Wissen um die richtigen Recherchetechniken und -instrumente für Informatiker die Suche nach dem „Sack von Perlen" effektiv durchführen können, will Ihnen dieses Buch vermitteln.

Mit den *Basics* der Recherche beschäftigt sich der erste Teil: der Planung und Durchführung einer Recherche und den wichtigsten Suchinstrumenten von Bibliothekskatalogen über Aufsatzdatenbanken bis hin zu wissenschaftlichen Suchmaschinen. Im zweiten Teil *Advanced* wird eine Auswahl von weiteren Suchinstrumenten vorgestellt, die eine umfassende Literaturrecherche ermöglichen. Damit wie man die gewonnenen *Informationen weiterverarbeitet*, das heißt bewertet, verwaltet und letztlich in der eigenen wissenschaftlichen Arbeit zitiert, setzt sich der letzte Teil des Buchs auseinander.

An wen wendet sich dieses Buch? Geschrieben ist es mit dem Blick auf die Studentin oder den Studenten der Informatik oder verwandter Studienfächer – es begleitet Sie von der Suche nach Lehrbüchern im ersten Semester bis hin zur Master- oder Doktorarbeit. Aber auch alle anderen, die wissenschaftliche Informationen zu Informatik-Themen suchen, werden den ein oder anderen wertvollen Hinweis und Tipp finden.

Die Auswahl und Reihenfolge der vorgestellten Suchinstrumente ist subjektiv und soll mit keiner Wertung verbunden sein. Soweit es möglich war, wurden die unterschiedlichen Verhältnisse verschiedener Bibliotheken berücksichtigt. Dabei soll nicht auf jede Feinheit eingegangen werden, sondern es soll Ihnen genug methodisches Wissen an die Hand gegeben werden, damit Sie sich selbstständig neue Suchinstrumente und deren Möglichkeiten erarbeiten können.

Alle in diesem Buch angesprochenen Rechercheinstrumente finden Sie mit Links im Ressourcenverzeichnis am Ende des Buchs.

Um die Lesbarkeit zu verbessern, wurde durchgängig die männliche Form verwendet –
alle Leserinnen mögen mir dies verzeihen und sich ebenso angesprochen fühlen, zumal sie
in der Informatik immer noch in der Minderzahl sind.

Ein herzlicher Dank geht an alle, die mich beim Schreiben dieses Buchs begleitet, unterstützt und beraten haben.

München, im Februar 2013
Kerstin Weinl

Inhalt

Basics

Informatik ist eine junge und interdisziplinär orientierte Wissenschaft, die ihre Ursprünge hauptsächlich in der Mathematik und der Elektrotechnik hat. Durch die Allgegenwärtigkeit von Informationstechnologie hat sich neben den klassischen Kerngebieten der theoretischen, technischen und praktischen Informatik eine Vielzahl von interdisziplinären Teilgebieten herauskristallisiert: von der Wirtschaftsinformatik über die Bio- oder Medizininformatik bis hin zur Medieninformatik. Der daraus resultierende Mix aus mathematischen, ingenieur- und sozialwissenschaftlichen Methoden in der Informatik führt dazu, dass sie als Gesamtdisziplin sehr heterogen aufgestellt ist. Entsprechend vielfältig sind auch die Publikationen und die sie erschließenden Rechercheinstrumente. Einen Weg durch dieses Informationsdickicht – auch über Google hinaus – zeigen Ihnen die ersten beiden Teile dieses Buchs.

Die Suche nach Informationen für Ihr Studium wird Sie durch die gesamte Zeit an der Hochschule begleiten. In den ersten Semestern benötigen Sie hauptsächlich Lehrbücher, oft vom Dozenten empfohlen, um den Stoff der Vorlesungen zu wiederholen und zu vertiefen. Hier ist der Katalog Ihrer Hochschulbibliothek Ihr zentraler Anlaufpunkt, der Ihnen den Weg zu den Beständen weist. Ihm widmen wir daher in diesem Teil ein ganzes Kapitel. Sie lernen darüber hinaus Kataloge kennen, die Ihnen weiterhelfen, wenn Ihre Hochschulbibliothek das gewünschte Buch nicht besitzt.

Bald schon stehen die ersten Arbeiten an! Seminararbeiten, spätestens jedoch die Bachelor- oder Masterarbeit, verlangen von Ihnen zu einem Thema passende aktuelle Forschungsliteratur zu verwerten. Rechercheinstrumente, mit deren Hilfe Sie Aufsatzliteratur finden können, lernen Sie unter anderem in den Kapiteln 3 und 8 kennen.

Bevor wir uns eingehend mit den verschiedenen Suchinstrumenten beschäftigen, erarbeiten wir uns im folgenden Kapitel die Grundlagen der Recherche, die unabhängig davon, wo Sie suchen, zu beachten sind. Außerdem lernen Sie Funktionalitäten kennen, die bei den meisten Suchinstrumenten vorhanden sind.

1 Eine Recherche planen

Bevor Sie mit der eigentlichen Suche beginnen, sollten Sie sich Zeit nehmen, Ihre Recherche zu planen. Überlegen Sie sich, was Sie finden wollen und entscheiden Sie sich dann für geeignete Suchbegriffe und

Suchinstrumente. Mit einer klaren Vorstellung über Ihr Informationsbedürfnis und mit etwas Vorbereitung können Sie zielgerichteter und
damit schneller recherchieren.

Grundlegend unterscheidet man zwischen *formaler* und *themati-
scher Recherche* – suchen Sie ein bestimmtes Buch von dem Sie Titel
und Autor bereits kennen oder suchen Sie irgendein Buch zu einem
bestimmten Thema?

1.1 Formale Recherche – Suche anhand einer Literaturliste

Die Suche nach einem Buch, Artikel oder einem anderen Dokument,
dessen Metadaten Sie bereits kennen, ist einer der einfachsten Fälle einer Recherche. Vielleicht haben Sie zu einem Seminar oder zum Thema
Ihrer Arbeit bereits eine Literaturliste von einem Dozenten erhalten?

Metadaten

| Author |
| Title |
| Language |
| Serial |

Metadaten – Daten über Daten – sind in diesem Zusammenhang die *bibliographischen Daten* der Dokumente. Dazu gehören Angaben wie Autor, Titel, Verlag, Zeitschriftentitel und ISBN. In den meisten Suchinstrumenten sind die Metadaten in
verschiedenen Feldern abgelegt, die Sie separat durchsuchen können. Dieser gefelderte Sucheinstieg wird oft *erweiterte Suche* genannt. Im Unterschied dazu ist die
freie oder *einfache Suche* ein Suchschlitz, mit dessen Hilfe Sie alle Felder gleichzeitig durchsuchen können.

Zur formalen Recherche zählt auch die Suche nach allen Werken eines
Autors oder Verlags sowie nach anderen formalen Kriterien. Da dies
im Studienalltag weniger häufig notwendig ist, befassen wir uns hier
in erster Linie mit der sogenannten *Known Item Search*, die meisten
Hinweise sind aber übertragbar.

Warum sollten Sie nach etwas suchen, das Sie bereits kennen? Die häufigsten Gründe sind die Beschaffung des Dokuments
(Kapitel 18) oder die Übernahme der Metadaten in Ihr Literaturverwaltungsprogramm (Abschnitt 17.2). Achten Sie bei der Auswahl des
Suchinstruments darauf, dass es dieses Bedürfnis gut erfüllen kann.
So ist die DBLP (Kapitel 8) sehr gut geeignet, um Metadaten zu exportieren, für die Beschaffung aber eher ungünstig, da keine Verknüpfung
zu den Lizenzen Ihrer Bibliothek besteht. Bei den einzelnen Suchinstrumenten ab Kapitel 2 finden Sie immer Hinweise darauf, was Sie
dort finden können und für welchen Zweck es sich gut eignet.

Um das richtige Suchinstrument für Ihre Recherche auszuwählen,
müssen Sie anhand der Ihnen vorliegenden Literaturangaben ent-
schieden, um welche Art von Dokument es sich handelt. Nicht überall

sind alle *Dokumenttypen* verzeichnet – im Bibliothekskatalog finden Sie beispielsweise keine Artikel, in Fachbibliographien dagegen kaum Bücher.

Dokumenttypen – Wie liest man eine Literaturliste?

Was charakterisiert die einzelnen Dokumenttypen und woran erkennen Sie anhand der Literaturangabe, um welchen es sich handelt?

Buch. Man unterscheidet bei Büchern zwischen Monographien und Sammelwerken. Eine *Monographie* ist meist von einem einzelnen Autor verfasst. Sind es mehrere, so wird im Buch nicht kenntlich gemacht, welche Teile von welchem Autor stammen. Das Buch bildet also eine Einheit. Praktisch alle Lehrbücher sind Monographien, auch das Buch, das Sie in den Händen halten. Ein *Sammelwerk* oder eine Sammelschrift hat dagegen einen Herausgeber und der Inhalt gliedert sich in einzelne Beiträge, die namentlich gekennzeichnet sind. Konferenzbände (Proceedings) sind ein wichtiges Beispiel für Sammelschriften. Beispiel für eine Monographie:

Ullenboom, Ch.: Java ist auch eine Insel. Das umfassende Handbuch. Bonn: Galileo Press, 10. Aufl., 2012.

Bücher erkennen Sie anhand der bibliographischen Angaben daran, dass Erscheinungsort, Verlag und Jahr angegeben sind, aber keine Seitenzahlen – nur in Ausnahmefällen die Gesamtzahl der Seiten des Buchs.
Bücher finden Sie in erster Linie in *Bibliothekskatalogen.*
Zeitschrift. Wissenschaftliche Zeitschriften verzeichnen aktuelle Forschungsergebnisse. Manche Zeitschriften umfassen nur ein enges Teilgebiet, wie das „Journal of Quantum Information Science", andere sind fachübergreifend, wie die bekannten naturwissenschaftlichen Zeitschriften „Nature" und „Science". Zeitschriften werden in Bibliotheken zu *Bänden* gebunden, daher finden Sie in Literaturverzeichnissen bei Artikeln Angaben wie „J. of the ACM; 59:2(2012)". Gemeint ist damit Heft 2, Band 59, erschienen im Jahr 2012. Diese Angaben helfen Ihnen bei der Beschaffung eines Artikels, sei es nun elektronisch oder gedruckt.
Zeitschriften erscheinen im Normalfall nicht als Ganzes in einer Literaturliste, sondern nur einzelne Artikel. Sie finden sie in Bibliothekskatalogen oder speziellen *Zeitschriftenverzeichnissen.*

Artikel. Diese werden auch *Aufsatz* oder *Paper* genannt und erscheinen entweder in einer Zeitschrift oder in einem Sammelwerk. Beispiel für einen *Zeitschriftenartikel*:

Rivest, R. L., Shamir, A. and Adleman, L. M.: A Method for Obtaining Digital Signatures and Public-Key Cryptosystems. In: Commun. ACM 21:2 (1978), S. 120–126.

Sie erkennen Artikel generell daran, dass in der Literaturangabe die Seitenzahlen angegeben sind. Die Daten des Artikels werden oft durch „In:" vom Gesamtwerk getrennt. Bei Zeitschriften sind Jahr, Band und eventuell das Heft angegeben. Der Zeitschriftenname wird häufig abgekürzt.
Beispiel für einen *Artikel aus einem Sammelband*:

Joachims, T.: Text Categorization with Support Vector Machines. Learning with Many Relevant Features. In: Nedellec, C., Rouveirol, C. (Hrsg.): Machine Learning. ECML-98, Proceedings of the 10th European Conference on Machine Learning. London: Springer, LNCS 1398, 1998, S. 137–142.

Bei Artikeln in Sammelbänden sind neben den Daten des Artikel, der Herausgeber und Verlag des Buchs angegeben. In diesem Fall ist der Konferenzband in einer Buchreihe, den Lecture Notes in Computer Science (LNCS), als Band 1398 erschienen.
Artikel finden Sie in erster Linie in *Aufsatzdatenbanken* und *Fachbibliographien*.

Preprint, Technischer Bericht. Ein Preprint ist ein Artikel vor der eigentlichen Veröffentlichung in einer Zeitschrift oder einem Sammelwerk. Technische Berichte können Preprints sein, es kann sich aber auch um Projektberichte oder Ähnliches handeln. Dieser Literaturtyp bietet aktuelle Forschung, hat aber zumeist keinerlei Qualitätsprüfung durchlaufen.
Beispiel für einen Technischen Bericht:

Hamann, C.-J, Reuther, L., Wolter, J., Härtig, H.: Quality-Assuring Scheduling, TU Dresden, Technical Report TUD-FI06-09, 2006, http://os.inf.tu-dresden.de/papers_ps/hamann06_qas_tr3.pdf

---

In den Literaturangaben ist der Dokumenttyp meist angegeben, zumindest aber die herausgebende Institution. Häufig erscheinen Technische Berichte in Schriftenreihen beispielsweise von Universitäten.
Hochschulschrift. Die Bandbreite von Hochschulschriften reicht von der Seminararbeit bis hin zur Habilitationsschrift. Da nur Dissertatio-

nen veröffentlichungspflichtig sind, umfassen diese einen Großteil der zugänglichen Hochschulschriften.
Beispiel für eine Dissertation:

Wolf, Ch.: Multivariate Quadratic Polynomials in Public Key Cryptography, Dissertation, Katholieke Universiteit Leuven, 2005

In der Literaturangabe steht normalerweise, um was für einen Typ es sich handelt und an welcher Hochschule die Arbeit entstand. Die dortige Bibliothek besitzt in den allermeisten Fällen ein Exemplar der Arbeit.

Genaueres zur Bedeutung der einzelnen Dokumenttypen in der Informatik finden Sie in Kapitel 6. Mit der Suche nach Büchern und Artikeln beschäftigen wir uns in diesem Teil noch intensiv, in Teil 2 gehen wir auf die im Allgemeinen schwierigere Suche nach Preprints, Berichten und Dissertationen gesondert ein.

Tipps zur formalen Recherche

Vermeiden Sie es, bei einer formalen Recherche die komplette Literaturangabe in die einfache Suche zu kopieren oder zu tippen – dies wird in vielen Fällen nicht zum Ziel führen. Am besten verwenden Sie die erweiterte Suche und geben die Metadaten in die passenden Felder ein. Sie müssen und sollen nicht alle Daten eingeben, schon um Tippfehler zu vermeiden und Zeit zu sparen. Beschränken Sie sich lieber auf *wenige treffende Begriffe* und Felder. In den meisten Fällen sind ein oder zwei prägnante Wörter aus dem Titel und der Nachname eines(!) Autors hinreichend (Titel: *Insel Java*, Autor: *Ullenboom*). Vermeiden Sie Daten, die sich zwischen Ihren Angaben und dem Suchinstrument unterscheiden könnten. Zeitschriftennamen werden in den Literaturangaben, wie im Beispiel oben, meist abgekürzt, in vielen Suchinstrumenten aber ausgeschrieben oder anders abgekürzt. Dasselbe gilt für Vornamen, die ausgeschrieben oder als Initialen erfasst sein können.

Für eine Suche nach einem bekannten Dokument sind Felder und Begriffe unterschiedlich geeignet:
Gut geeignet. prägnante Titelstichwörter, gegebenenfalls Phrasensuche (S. 14) oder Feld „Titelanfang", „exakter Titel" (führende Artikel evtl. weglassen)
Bedingt geeignet. Nachnamen (unterschiedliche Transkription, Änderung durch Heirat); ISBN und ISSN (unterscheiden sich zwischen verschiedenen Ausgaben, Bindestriche müssen manchmal mit eingegeben werden)

mehrbändige Werke

Vorsicht ist besonders bei *mehrbändigen Werken* geboten: Mischen Sie
hier nicht Angaben des einzelnen Bandes mit Angaben des Gesamt-
werks, da dies oft zwei Datensätze sind. Suchen Sie beispielsweise den
zweiten Band des Analysis-Lehrbuchs von Forster, sollten Sie nicht mit
Forster gewöhnliche Differentialgleichungen einsteigen. Sie werden in
vielen Bibliothekskatalogen keinen Treffer erzielen, da der Autor beim
einzelnen Band nicht mit aufgeführt ist, sondern lediglich beim Gesamtwerk.

Differentialrechnung im IR n, gewöhnliche Differentialgleichungen

Ausgabebez.: 9., überarb. Aufl.
Jahr: 2011
Umfangsangabe: VIII, 225 S.
Schlagwort: Analysis
Schlagwort: Integralrechnung
Schlagwort: Differentialrechnung
Schlagwort: Analysis ; Einführung
ISBN: 978-3-8348-1231-5

Abb. 1: Datensatz eines Bandes eines mehrbändigen Werkes

Sollten Sie bei einer formalen Suche trotzdem keine Treffer erhalten: Geben Sie nicht sofort auf, sondern experimentieren Sie mit anderen Wörtern und Schreibweisen! Hilfreich ist gerade bei Namen ein
Index (vgl. S. 12), um die korrekte Schreibweise herauszufinden.

Checkliste

Vorbereitung einer formalen Recherche
- Dokumenttyp identifizieren
- Zweck der Recherche festlegen: Beschaffung, Übernahme der Metadaten, Start
  einer Schneeballstrategie (Abschnitt 5.4), ...
- Geeignetes Suchinstrument auswählen
- Suchbegriffe und Felder festlegen

1.2 Thematische Recherche

Oft haben Sie keine vorgegebene Literaturliste, sondern ein Thema,
zu dem Sie Dokumente finden möchten. Das kann das Thema einer
Seminar- oder Abschlussarbeit sein, oder auch eine Faktenfrage, die

Sie beantworten möchten. Für den Rest des Kapitels beschäftigen wir uns mit diesem Typ der Recherche.

Suchen mit Strategie – Was und Wo

Zu Beginn sollten Sie versuchen, Ihr Informationsbedürfnis so weit als möglich zu konkretisieren. Nicht das Thema selbst steht zunächst im Vordergrund, sondern formale Kriterien, die den Umfang und Zweck der Recherche genauer umreißen.

Überlegen Sie sich zuerst, wie *vollständig* Ihre Suche sein soll. Reicht Ihnen ein passender Treffer, der Ihre Frage klärt, oder brauchen Sie mehrere Quellen für eine Seminararbeit? Oder benötigen Sie für Ihr Thema möglichst alles, was dazu publiziert wurde? Je vollständiger Ihre Suche sein muss, desto mehr Dokumenttypen und Suchinstrumente sollten Sie heranziehen.

Vollständigkeit

Machen Sie sich außerdem Gedanken, welche *Dokumenttypen* Sie benötigen: Bücher, Artikel oder noch anderes wie Normen oder Dissertationen? Für die gängigsten Dokumenttypen finden Sie in diesem Buch passende Suchinstrumente. Überlegen Sie sich auch, ob Sie lieber gedruckte oder elektronische Informationen haben möchten und ob Sie eher einführende Literatur oder den aktuellen Forschungsstand benötigen.

Dokumenttypen

Anhand des Umfangs und der Dokumenttypen können Sie festlegen, welche *Suchinstrumente* Sie verwenden wollen. Ein Rolle spielt dabei auch die Zeit, die Sie haben, um die benötigten Dokumente zu erhalten: Müssen Sie in vier Tagen die Arbeit abgeben oder brauchen Sie schnell eine Fakteninformation, weil Ihre Arbeit sonst stockt, sollten Sie die Bestände Ihrer Bibliothek und elektronische Ressourcen bevorzugen. Auf eine Fernleihe via Verbundkatalog können Sie kaum mehr warten. Beschränken Sie Ihre Suche nach Büchern daher in so einem Fall gleich auf den Katalog Ihrer Bibliothek.

Suchinstrumente

Suchen mit Strategie – Wie

Geeignete *Suchbegriffe* zu finden, kann gerade für ein neues Thema eine anspruchsvolle Aufgabe sein. Später, wenn Sie sich eingearbeitet haben und die entsprechenden Fachbegriffe kennen, wird es Ihnen deutlich leichter fallen, passende Begriffe, Synonyme, Übersetzungen, Ober- und Unterbegriffe zu finden. Arbeiten Sie sich daher zunächst in Ihr Thema anhand von Lehrbüchern, Tutorials oder Überblicksartikeln ein! Um solche zu finden, müssen Sie oft deutlich gröber suchen, als

Suchbegriffe

Ihr eigentliches Thema lautet. Wenn Sie über Support Vector Machines schreiben, suchen Sie in der Einarbeitungsphase auch mit Suchbegriffen wie *Maschinelles Lernen* oder gar *Künstliche Intelligenz*.

Definieren Sie zu Beginn Ihre Fragestellung zunächst möglichst exakt und *fachsprachlich*. Nicht „Using web tools to determine and share customer's needs", sondern besser „Collaboration in Distributed Requirements Management". Zerlegen Sie das Thema dann in *einzelne Aspekte* und suchen Sie jeweils *Synonyme* sowie Ober- und Unterbegriffe. Ein Schema wie in Tabelle 1 kann Ihnen helfen dies aufzuzeichnen.

Tabelle 1: Recherchestrategie zum Thema „Erkennung von Malware mittels Verfahren des maschinellen Lernens"

	Malware	Maschinelles Lernen
Synonyme	invasive Software Schadprogramm Schadsoftware	Algorithmisches Lernen
Ober-begriffe	Computersicherheit IT-Sicherheit Netzwerksicherheit	künstliche Intelligenz
Unter-begriffe	Computervirus Wurm Trojaner	Fallbasiertes Schließen Automatische Klassifizierung (Un-)beaufsichtigtes Lernen

Bedenken Sie, dass die *Wissenschaftssprache Englisch* ist und viele Suchinstrumente englische Suchbegriffe benötigen. Sie sollten Ihre Suchbegriffe daher immer auch übersetzen. Beachten Sie dabei, die richtigen fachsprachlichen Übersetzungen zu nutzen (z. B. „Maschinelles Lernen" und „Machine Learning"). Dabei kann Ihnen ein Fachwörterbuch helfen. Sie können den deutschen Begriff auch in der Wikipedia suchen und dann in der linken Spalte den dazugehörigen englischen Artikel aufrufen.

Lexika und *Enzyklopädien* (vgl. Kapitel 15) können darüber hinaus hilfreich sein, um Synonyme oder verwandte Begriffe zu finden. Der Wikipedia-Artikel „Schadprogramm" ist beispielsweise der Kategorie „Malware" zugeordnet und die Übersichtsseite zu dieser Kategorie bietet ein Fülle an (Unter-)Begriffen, wie Computerwurm, Rootkit, ... Auf diese Weise lassen sich Tabelle 1 noch viele weitere Begriffe hinzufügen.

Tipps für den Aufbau einer Recherchestrategie mit Suchbegriffen
- Notieren Sie sich Ober- und Unterbegriffe, um Ihre Suche später ausweiten oder einschränken zu können.
- Beziehen Sie gängige Abkürzungen für Ihre Begriffe ein, z. B. HFE für das kryptographische Verfahren „hidden field equations".
- Verwenden Sie bevorzugt fachsprachliche Begriffe.
- Allgemeine Begriffe, die oft in Themenstellungen auftauchen, wie „Vergleich", „Auswirkungen" oder ähnliche, eignen sich nicht als Aspekt.
- Suchen Sie Bücher, so brauchen Sie breitere Suchbegriffe als für Aufsätze, da Bücher meist ein Thema umfassender abdecken.

Bei der Durchführung einer thematischen Recherche gehen Sie ein bisschen vor wie beim Pilze-Sammeln. Sie sammeln in verschiedenen Suchinstrumenten die für Sie interessanten Dokumente auf. Sie müssen nicht auf Anhieb die perfekte Suchabfrage bauen, Sie können sich aus verschiedenen Trefferlisten das Passende herauspicken. Sukzessive werden Sie auch die Recherchestrategie um neue Begriffe erweitern, und so Ihre Trefferlisten verbessern (vgl. Abschnitt 5.1)

Denn: Recherchieren ist ein iterativer Prozess – je mehr Sie über ein Thema lernen, je mehr Literatur Sie schon gefunden haben, desto genauer wissen Sie einerseits was Sie brauchen, anderseits wo und wie Sie suchen können. Ihre Recherche wird dann zielgerichteter und effektiver werden.

Vorbereitung einer thematischen Recherche
- Umfang festlegen
- gewünschte Dokumenttypen festlegen
- geeignete Suchinstrumente auswählen
- Suchbegriffe finden
- geeignete Felder festlegen (vgl. nächster Abschnitt)

Checkliste

1.3 Suchoberflächen richtig nutzen

Auch wenn sich die Suchoberflächen diverser Rechercheinstrumente im Detail unterscheiden, so gibt es doch viele Funktionen, auf die Sie immer wieder treffen werden. Im Folgenden besprechen wir die gängigsten unter ihnen.

Jedes Suchinstrument besteht aus zwei Komponenten: den *Daten*, in Form einer (bibliographischen) Datenbank oder eines Suchmaschinenindex und einer grafischen *Suchoberfläche*. Diese können, müssen aber nicht, vom selben Anbieter stammen.

Suchoberfläche vs. Daten

Ein und dieselbe Datenbank kann über mehrere Suchoberflächen zugänglich sein (z. B. die DBLP oder Inspec). Und umgekehrt – auf vielen Suchoberflächen werden mehrere Datenbanken zum Durchsuchen angeboten (z. B. auf der Oberfläche Web of Knowledge). *Was* Sie suchen können, hängt von der Datenbank ab, *wie* Sie das tun von der Suchoberfläche.

Abb. 2: Einfache Suche am Beispiel des OPAC der Fachhochschule Frankfurt

Einfache Suche

Viele Suchoberflächen bieten mehrere Sucheinstiege. Mit der *einfachen* oder *freien Suche* werden entweder alle oder ausgewählte, wichtige Felder der Datenbank durchsucht. Mehrere Suchbegriffe werden zumeist mit AND verknüpft, wenn Sie nichts anderes angeben. Die einfache Suche eignet sich nur, wenn Sie sehr spezifische oder mehrere Suchbegriffe eingeben, ansonsten riskieren Sie große Treffermengen und sind auf die Güte des Relevanzrankings angewiesen – wenn dies vorhanden ist. Je vollständiger Ihre Suchergebnisse sein sollen, desto problematischer ist das. Möchten Sie beispielsweise Reiseführer über London suchen und geben in die freie Suche *London* ein, so werden Sie nicht nur Bücher über die Stadt London finden, sondern auch Bücher, die in London erschienen sind, Romane von Jack London, alle Bände der Lecture Notes Series der London Mathematical Society und vieles mehr. Noch deutlich größer wird die Anzahl der Treffer, wenn Inhaltsverzeichnisse, Abstracts oder gar Volltexte mit durchsucht werden (vgl. hierzu auch die Anmerkung auf S. 12).

Relevanzranking

Von Internetsuchmaschinen kennt man es schon lange: die Sortierung einer Trefferliste nach *Relevanz*. Auch Bibliothekskataloge und andere bibliographische Datenbanken haben dies zunehmend übernommen. Was wichtig ist, steht oben, ist das erklärte Ziel einer solchen Sortierung. Bedenken Sie dabei aber, dass Relevanz etwas Subjektives ist – nur Sie wissen, was Sie finden wollen. Dagegen steht die Objektivität der Sortieralgorithmen wie dem bekannten PageRank von Google. Haben Sie daher einen kritischen Blick, klicken Sie sich in die Trefferliste auch mal weiter nach hinten und nutzen Sie andere Sortierungen der Trefferliste. So können Sie Treffer mit dem neuesten Erscheinungsjahr oder den meisten Zitationen nach oben bringen.

Erweiterte Suche

Aus diesen Gründen eignet sich für die viele Recherchen eine *erweiterte Suche* besser, um präzisere Trefferlisten zu erhalten, beispiels-

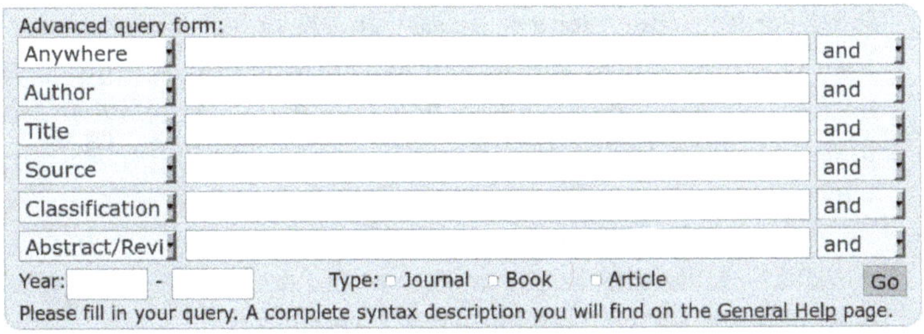

Abb. 3: Erweiterte Suche am Beispiel io-port.net

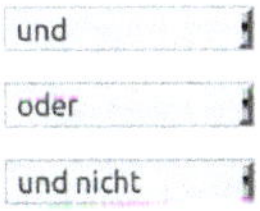

weise für die erwähnte Kombination aus Autor und Titel für formale Recherchen. Hier können Sie auswählen, in welchen Feldern Ihre Suchbegriffe gefunden werden sollen und können diese – meist per Pull-Down-Menü – mit den Booleschen Operatoren AND, OR und NOT verknüpfen. Mit NOT ist in diesem Zusammenhang immer AND NOT gemeint, manche Suchoberflächen bezeichnen dies auch so.

Generell ist für thematische Recherchen die *Schlagwortsuche* der Suche mit Stichwörtern vorzuziehen, da Sie so Treffer unabhängig von der genauen Formulierung des Begriffs im Dokument oder seiner Sprache finden.

Stichwörter sind Wörter, die dem Titel, anderen Metadaten oder dem Volltext eines Dokuments entnommen sind. *Schlagwörter* dagegen stammen aus einem *kontrollierten* Vokabular – einer festgelegten Liste von Begriffen, die Thesaurus oder Normdaten genannt wird.

Schlagwörter werden von Bibliothekaren oder Dokumentaren vergeben und beschreiben – unabhängig vom genauen Wortlaut des Titels oder der Sprache – ein Buch oder einen Aufsatz inhaltlich. Sie sind daher optimal für eine thematische Recherche geeignet. Aber Vorsicht – in verschiedenen Suchinstrumenten werden verschiedene kontrollierte Vokabulare verwendet.

Stichwörter und Schlagwörter

Die Suche mit einem kontrollierten Vokabular hat für Sie mehrere Vorteile:

- Sie müssen sich um *verschiedene Wortformen*, wie Flexionen, nicht kümmern. Es ist u. a. festgelegt, ob ein Begriff in der Ein- oder Mehrzahl steht: *Computervirus* nicht Computerviren.
- Sie müssen bei der Suche nach einem Aspekt die *Synonyme* nicht mitsuchen. Es ist beispielsweise festgelegt, dass als Schlagwort *Handy* und nicht Mobiltelefon verwendet wird. Synonyme sind im Thesaurus oder der Normdatei als sogenannte *Verweisungsformen* mit enthalten, sodass eine Suche mit *Mobiltelefon* im Schlagwortfeld zu denselben Ergebnissen führt wie eine Suche nach *Handy*.

– Bei Begriffen, die mehrere Bedeutungen haben, sogenannten *Homonymen*, können Sie gezielt nach einer der Bedeutungen suchen. Suchen Sie mit dem Schlagwort *Wurm <Informatik>*, so finden Sie keine Dokumente, die sich mit dem Tier Wurm beschäftigen.
– Bei der Suche mit kontrolliertem Vokabular sind Sie unabhängig von der *Sprache*. Eine Suche im Katalog mit deutschen Schlagwörtern liefert Ihnen auch englischsprachige Treffer.

Bedenken Sie, dass insbesondere in Bibliothekskatalogen nicht immer alle Dokumente verschlagwortet sind, so fehlen oftmals bei älteren Büchern oder bei E-Books die Schlagwörter. In diesen Fällen sollten Sie die Schlagwortsuche unbedingt durch eine Stichwortsuche komplettieren. Gibt es ein Suchfeld mit dem Sie gleichzeitig eine Stich- und Schlagwortsuche (oft „Thema" genannt) durchführen können, so sollten Sie das in diesen Fällen nutzen. Gibt es solch ein Feld nicht, können Sie für diesen Zweck auch die einfache Suche verwenden, allerdings mit oben genannten Nachteilen.

Index

Zu manchen Feldern kann ein *Index* oder *Register* hinterlegt sein. Darin sind alle Wörter, die in dem jeweiligen Feld in der Datenbank enthalten sind, aufgelistet. Dies hilft Ihnen bei einer formalen Recherche, wenn Sie die genaue Schreibweise beispielsweise eines Zeitschriftennamens nicht kennen.

Für eine thematische Recherche ist der Index des Schlagwort- oder Thesaurusfelds besonders hilfreich. Nutzen Sie den Index, um alle relevanten Schlagwörter und ausschließlich solche zu finden. Würden Sie beispielsweise *Python* in das Schlagwortfeld eingeben, würden Sie neben der Programmiersprache auch Treffer zur Schlange und zur Komikergruppe „Monty Python" finden. Der Index ermöglicht Ihnen, die richtige Schreibweise zu finden (*Python <Programmiersprache>*) und darüber hinaus speziellere Schlagwörter (z. B. *Python 3.3*) auszuwählen. Ähnliches gilt für viele andere Programmiersprachen, etwa für „Scala" (Abbildung 4).

Volltextsuche

Eine *Volltextsuche* ist in vielen bibliographischen Suchinstrumenten nicht vorhanden, bei Internetsuchmaschinen und Volltextdatenbanken aber Standard. Nutzen Sie dies insbesondere, wenn Sie nach ganz speziellen Begriffen suchen, etwa um eine Faktenfrage zu klären. Vorsicht: Suchmaschinen indexieren oft nicht tatsächlich den gesamten Text einer Webseite oder Datei, sondern nur eine festgelegte Zahl an Bytes.

Gerade bei einer Stichwortsuche ist die Möglichkeit zu *trunkieren* sinnvoll. Mit Trunkierungszeichen können Sie mehrere Wortformen parallel suchen. Die Trunkierungsmöglichkeiten und die dafür

Index (Schlagwort)		« »
scala	Anzeigen ab | im Index suchen	
☐ Scala <Familie>		
siehe Della Scala <Familie>		2
☐ Scala / Mailand		
siehe Mailand / Teatro alla Scala		72
☐ Scala Paradisi. - 1583		1
siehe auch Johannes <Climacus>		1
☐ Scala Paradisi. - 1601		1
siehe auch Johannes <Climacus>		1
☐ Scala Paradisi. - 1624		1
siehe auch Johannes <Climacus>		1
☑ Scala <Programmiersprache>		5
☐ Scalabicastrum		

Abb. 4: Schlagwortindex am Beispiel des OPAC der Universitätsbibliothek Bayreuth

verwendeten Zeichen unterscheiden sich von Suchinstrument zu Suchinstrument. Werfen Sie im Zweifelsfall einen Blick in die Hilfe. Häufig finden Sie folgende Zeichen:

* ersetzt kein oder beliebig viele Zeichen. So findet *gramma** sowohl „grammatical" als auch „grammar".

? ersetzt genau ein Zeichen (Maskierung). So findet *organi?ation* sowohl „organisation" als auch „organization".

\$ ersetzt kein oder ein Zeichen. So findet *equation\$* sowohl „equation" als auch „equations".

Trunkierungszeichen sind am Wortende immer möglich (Rechtstrunkierung). Manchmal können Sie auch in der Mitte oder am Anfang des Wortes trunkieren oder mehrere Trunkierungszeichen in einem Wort verwenden (z. B. *organi?ation**).

In vielen englischsprachigen Datenbanken können Sie Autorennamen nicht mit *Umlauten* suchen. Umlaute werden wie Akzente behandelt und einfach weggelassen. In diesen Fällen finden Sie „Müller" als „Muller". Es kommt aber auch vor, dass deutsche Autoren den Umlaut in ihrem Namen selbst bei der Publikation in englischsprachigen Verlagen auflösen, sodass auf dem Aufsatz und somit in der Datenbank „Mueller" verzeichnet ist. Suchen Sie daher immer nach beiden Formen, z. B. so: *Mu\$ller*.

Phrasensuche

Mit einer Phrasensuche suchen Sie nach einer genauen Wortfolge. Schließen Sie die Suchbegriffe dazu in Anführungszeichen ein. Dies ist insbesondere dann nützlich, wenn die Worte an sich sehr häufig sind, zusammen aber eine spezielle Bedeutung haben: *"hidden field$ equation$"*. Ohne Phrasensuche würden Sie in fachübergreifenden Suchinstrumenten sehr viele Treffer aus der Physik erhalten, die Treffer zum kryptographischen Verfahren würden untergehen. Dies kann, muss aber nicht, durch ein entsprechendes Relevanzranking gemildert sein, weil dort Texte, in denen Ihre Suchbegriffe nah zusammenstehen, meist höher bewertet werden. Beachten Sie auch, dass die Kombination von Trunkierung und Phrasensuche wie in diesem Beispiel nicht überall möglich ist.

Unscharfe Suche

Mehr und mehr verbreitet sich die Möglichkeit *unscharf* zu suchen, oft als Ähnlichkeitssuche oder Lemmatisierung tituliert. Das bedeutet, dass mit dem eingegebenen Suchbegriff auch weitere Formen, wie Flexionen, andere Schreibweisen oder Synonyme automatisch mitgesucht werden. Dies kann manche Trunkierung unnötig machen, nimmt Ihnen allerdings ein Stück weit die Kontrolle über Ihre Suche. Teilweise können Sie die unscharfe Suche deaktivieren. Bei Tippfehlern werden von dieser Funktionalität manchmal automatisch *Korrekturvorschläge* gemacht. Aber Vorsicht – eine automatische Korrektur, wie sie beispielsweise Google vornimmt, ist bei bibliographischen Suchinstrumenten normalerweise nicht vorhanden – es wird genau das gesucht, was Sie eingegeben haben.

Stoppwörter

Keine Regel ohne Ausnahmen: sehr häufige, kurze Wörter wie Artikel oder Präpositionen sind oft nicht indexiert. Solche *Stoppwörter* werden in Ihrer Suchabfrage einfach ignoriert, außer Sie verwenden sie bei einer Phrasensuche.

Die Behandlung von *Sonderzeichen* ist unterschiedlich. Generell können Sie aber davon ausgehen, dass Sonderzeichen ignoriert werden und entweder durch ein Leerzeichen ersetzt oder komplett weggelassen werden. Bei Nachnamen sowie Titelstichwörtern mit Bindestrich oder ISBNs probieren Sie zur Sicherheit lieber beide Varianten.

Für Sie als Informatiker ist das deswegen unpraktisch, weil in den Namen mancher Programmiersprachen (C++ oder F#) Sonderzeichen vorkommen. Hier ist eine Suche mit Schlagwörtern sehr hilfreich. Gibt es diese nicht, probieren Sie auch ausgeschriebene Formen wie *C Plus Plus* oder *F Sharp* aus.

Bevor wir einzelne Rechercheinstrumente kennenlernen, eine Bemerkung: Wir alle wünschen uns das ultimative Suchinstrument. Es enthält alle Medien, ist frei zugänglich, bietet umfangreiche Suchmöglichkeiten auf einer intuitiv zu bedienenden Oberfläche, saubere Metadaten, Volltextindexierung und direkten Zugang zu allen Volltexten, darüber hinaus Zitationsdaten, Personalisierungsfunktionen und vieles mehr. Leider – dieses Suchinstrument existiert nicht! Jedes legt seinen Fokus auf den ein oder anderen Aspekt, Sie müssen aber Kompromisse bei anderen eingehen. Das heißt auch, dass es im Normalfall nicht genügt, wenn Sie nur ein oder zwei Suchinstrumente verwenden, zumindest nicht, wenn Sie eine halbwegs vollständige Literaturliste benötigen. Aber: das hier vermittelte Wissen über Vor- und Nachteile, Inhalt und Besonderheiten wird Ihnen helfen, gezielt die für Ihre Bedürfnisse geeigneten Rechercheinstrumente zu verwenden und so schneller und effizienter an die gewünschten Ergebnisse zu kommen.

Seien Sie sich auch bewusst, dass Sie bei aller Planung und Vorbereitung der Recherche nicht auf Anhieb das perfekte Suchergebnis erzielen werden. Passen Sie Ihre Recherchestrategie immer mal wieder an. Probieren Sie neue Suchinstrument aus. Und: Gewöhnen Sie sich am besten an, alles was Sie gefunden haben, von Anfang an in einer Literaturverwaltung zu speichern. Mehr hierzu erfahren Sie im dritten Teil des Buchs.

2 Bibliothekskataloge

Wir starten mit dem Klassiker unter den Literaturrechercheinstrumenten: den Bibliothekskatalogen. Längst sind diese im digitalen Zeitalter angekommen und bieten eine Vielzahl von Funktionen, die Ihnen die Recherche nach Büchern, Zeitschriften, DVDs, CDs und anderen Materialien erleichtern.

2.1 OPAC – der Klassiker

Der Bibliothekskatalog oder *OPAC* (Online Public Access Catalogue) verzeichnet die Bestände einer Bibliothek und ist sozusagen ihr Inventarverzeichnis. Sie finden dort alles, was Sie in der jeweiligen Bibliothek ausleihen oder einsehen können. Erfasst sind meistens nur *selbstständige Werke*, wie Bücher und Zeitschriften, nicht aber Artikel oder einzelne Buchkapitel. Wie und wo Sie Artikel suchen können, erfahren Sie in den Kapiteln 3 und 8. Gerade zu Beginn des Studiums sind Bücher, insbesondere Lehrbücher, die wichtigsten Quellen und daher der Bibliothekskatalog Ihrer Hochschule Ihre erste Anlaufstelle für die Literaturrecherche.

In den meisten Bibliotheken sind alle Bestände, sowohl gedruckte als auch elektronische, im OPAC erfasst. Es kann aber auch sein, dass Sie E-Books in einem separaten Katalog suchen müssen.

Im OPAC ist nicht nur verzeichnet, welche Bücher die Bibliothek besitzt, sondern auch ihre Signatur – ein eindeutiger Identifikator mit dessen Hilfe Sie das Buch in der Bibliothek finden können. Falls das Buch nicht in einem öffentlich zugänglichen Bereich steht (Bibliothekare sagen dazu *Freihand*), sondern sich im Magazin befindet oder ausgeliehen ist, haben Sie im Katalog die Möglichkeit, es zu *bestellen* oder *vorzumerken*. Beide Dienstleistungen sind in der Regel bei Universitäts-, Landes-, oder Staatsbibliotheken kostenfrei, nicht aber in Stadtbüchereien.

Login

Empfehlenswert ist es, sich im OPAC *einzuloggen*. Nur nach einer Anmeldung können Sie Vormerkungen und Bestellungen auslösen. Sie können außerdem Ihr Bibliothekskonto einsehen und die Leihfristen überprüfen. Häufig haben Sie hier auch die Möglichkeit, Ihre ausgeliehenen Bücher zu *verlängern*, so dies nicht automatisch geschieht. Das Login schaltet Sie in manchen Bibliothekskatalogen auch für zusätzliche kostenpflichtige (Aufsatz-)Datenbanken frei, die Sie in Ihre Suche einbeziehen können.

Sucheinstiege

Fast alle OPACs bieten eine einfache und eine erweiterte Suche, diverse Indizes und Trunkierungsmöglichkeiten. Die Bestände sind mit Schlagwörtern erschlossen. Sie können im OPAC somit präzise thematische Recherchen durchführen.

GND

In Deutschland gibt es einheitliche Katalogisierungsregeln, sodass die Daten in allen OPACs gleich sind. Zur Verschlagwortung werden Begriffe aus der *Gemeinsamen Normdatei*, der GND, verwendet. Dabei wird immer das präziseste Schlagwort verwendet, also beispielsweise Python 3.3 statt Python <Progammiersprache>, wenn sich ein Titel speziell auf diese Version bezieht. Die GND ist aufgrund ihres Umfangs und ihrer klaren Strukturierung mit Ober-, Unter- und verwandten Begriffen übrigens auch eine gute Quelle, um Suchbegriffe zu finden. Eine Recherche in der GND ermöglicht der Katalog der Deutschen Nationalbibliothek oder die Suchoberfläche OGND (vgl. Abbildung 5).

Trefferliste

Vollanzeige

Nachdem Sie eine Suche abgesetzt haben, erhalten Sie eine *Trefferliste* oder *Kurztrefferanzeige*, die Ihnen die wichtigsten Informationen auf einen Blick liefert. Ein Klick auf einen Titel führt Sie zur *Vollanzeige*, hier können Sie die vollständigen bibliographischen Angaben sehen und finden die Funktionen zum Vormerken und Bestellen. Klicken Sie in der Vollanzeige auf einen Autor oder ein Schlagwort, so wird eine neue Suche mit diesem verlinkten Begriff abgesetzt. So können Sie zum angezeigten ähnliche Titel finden.

Sachbegriff:	**MDA <Vorgehensmodell>**
PPN:	215828968
GND-Nummer:	4730045-0 Link zu diesem Datensatz in der GND
Alte Norm-Nr.:	4730045-0 *(in der "swd" vor der GND-Migration)*
Frühere Ansetzung:	*in swd:|s|MDA <Vorgehensmodell>*
Definition:	MDA bezeichnet einen Ansatz zur Entwicklung von IT-Lösungen, der auf einer klaren Trennung von Funktionalität und Technik beruht.
Quelle:	Wikipedia
GND-Systematik:	30 *[Informatik, Datenverarbeitung]*
DDC-Notation:	005.120285
Synonym:	Model Driven Architecture
	Modellgetriebene Architektur
Oberbegriff:	Vorgehensmodell *[Oberbegriff allgemein]*
	Softwareentwicklung *[Oberbegriff allgemein]*
Thematischer Bezug:	Modellgetriebene Entwicklung *[Verwandter Begriff, allgemein]*

Suche nach Eintrag "MDA <Vorgehensmodell>" in WIKIPEDIA?

1   verwandte GND-Sätze | untergeordnete GND-Sätze   1 von 1

Abb. 5: Schlagwort aus der Gemeinsamen Normdatei in der OGND

Suche am Regal

Die meisten Bibliotheken mit größeren Freihandbeständen stellen Ihre Bücher *systematisch*, also fachlich gegliedert, auf. Sie können dann – statt im OPAC zu recherchieren – an das passende Regal gehen und zu Ihrem Thema stöbern. Dies ist insofern empfehlenswert, da Sie so vielleicht über Bücher „stolpern", die Sie im OPAC nicht gefunden hätten, weil Sie gar nicht danach gesucht hätten. Bedenken Sie aber auch, dass im Regal immer nur ein Teil der Bücher steht! Vielleicht steht das interessanteste Buch in einer anderen Zweigbibliothek oder im Magazin, es hat jemand ausgeliehen oder die Bibliothek hat es als E-Book lizenziert. All diese Informationen finden Sie nur im Katalog, daher sollten Sie sich bei thematischen Recherchen nie auf eine Suche am Regal beschränken.

2.2 NextGen Catalogues – OPAC im neuen Gewand

Viele Bibliothekskataloge bieten neben den traditionellen Such- und Bestellmöglichkeiten eine Reihe von weiteren Funktionen, die Ihnen die Suche und die Bewertung Ihrer Ergebnisse erleichtern.

Sucheinschränkungen nach Erscheinungsjahr, Medientypen oder anderen Kriterien finden Sie in den meisten OPACs unterhalb der erweiterten Suche. Seit einigen Jahren gibt es in vielen Katalogen zusätz-

Sucheinschränkungen

lich die Möglichkeit, die Trefferliste im Nachhinein einzuschränken. Diese *Filter*, auch Drill-Down oder Facetten genannt, finden Sie neben der Trefferliste. Neben formalen Filtern, beispielsweise einer Einschränkung auf E-Medien, sind thematische Einschränkungen basierend auf Schlagwörtern oder Fachgruppen sehr hilfreich, insbesondere wenn Sie mit breiten Suchbegriffen begonnen haben. Gerade am Anfang einer Recherche können Sie durch die thematischen Filter auch Ideen für gute Suchbegriffe bekommen.

Abb. 6: Filtermöglichkeiten im Katalog der Universitätsbibliothek Leipzig

Eine kleine Warnung sei aber nicht verschwiegen: Schränken Sie mit Hilfe dieser thematischen Facetten ein, verlieren Sie alle Treffer, die nicht sachlich erschlossen sind. In Abbildung 6 können Sie das beim Filter „Fachgebiet" erkennen – sechs Bücher sind „nicht zugeordnet". Zumeist sind das (wie in diesem Fall) ältere Bücher, aber auch bei E-Books fehlen oft Schlagwörter oder fachliche Zuordnungen.

Blick ins Buch   Bei vielen Datensätzen finden Sie eingescannte *Inhaltsverzeichnisse*, die Ihnen helfen zu entscheiden, ob ein Buch für Sie relevant ist. Sie werden zudem zumeist bei der einfachen Suche oder einer Suche im Feld „freie Suche" mit durchsucht und bieten so wesentlich bessere Möglichkeiten per Stichwortsuche gefunden zu werden, als über den Titel wie in traditionellen OPACs. Ergänzt kann dies durch Links zu Google Books (vgl. S. 82) oder zu Online-Buchhändlern wie Amazon werden, die einen Blick ins Buch erlauben.

Buchcover geben Ihnen einen ersten optischen Eindruck und helfen Ihnen beim Auffinden des Buchs in der Bibliothek. Demselben Zweck dienen *QR-Codes*, die Signatur und Buchdaten enthalten, sodass Sie diese nicht per Hand abschreiben müssen, sondern bequem mit Ihrem Smartphone scannen können.

Haskell
the craft of functional programming

Autor: Thompson, Simon
Ausgabebez.: 3. ed.
Verlagsort, Verlag, Jahr: Harlow [u.a.], Addison-Wesley, 2011
Umfangsangabe: XXII, 583 S.
Schlagwort: HASKELL ; Funktionale Programmierung
ISBN: 978-0-201-88295-7, 0-201-88295-7

🌐 bibtip Andere Benutzer fanden auch interessant:

🌐 Block-Berlitz, Marco: Haskell Intensivkurs (2011)
🌐 Chakravarty, Manuel M. T.: Einführung in die Programmierung mit Haskell (2004)
🌐 Thompson, Simon: Haskell (1999)

in die Merkliste | 🅿 PERMALINK

Inhalts-
verzeichnis

HASKELL
the craft of functional
programming

Simon Thompson

Exemplare	Bestellen	Vollanzeige			
Standort Zweigstelle		**Mediennummer**	**Signatur**	**Status**	**QR-Code**
TB MI / Präsenzbestand TB Mathematik/Informatik /		040010210741	0104/DAT 544f 2001 A 9881(3)	entliehen	📱

Abb. 7: Trefferanzeige im OPAC der Universitätsbibliothek der TU München

Häufig finden Sie Empfehlungen zu anderen Titeln in der Vollanzeige unter dem Motto „Andere Benutzer fanden auch interessant". Dieser *BibTip* basiert auf dem Verhalten der Nutzer Ihrer und anderer Bibliotheken – verwiesen wird auf Titel, die andere während einer Suche mit Ihrem Treffer zusammen aufgerufen haben. So können Sie leicht ähnliche Titel zu Ihrem Treffer finden, darunter auch andere Auflagen oder Ausgaben.

Empfehlungen

Das Wissen anderer Nutzer macht sich *Social Tagging* zunutze. Es ermöglicht, einem Treffer eigene Suchbegriffe hinzuzufügen und für andere verfügbar zu machen. Dies könnte beispielsweise bei einem Lehrbuch der Titel der Vorlesung sein, für die dieses Buch empfohlen wurde. Social Tagging ergänzt damit die Verschlagwortung durch Normdaten der Bibliothekare um nutzerspezifisches Vokabular. Für sich selbst als Merkhilfe oder für andere als Empfehlung können Sie in manchen Katalogen individuelle *Literaturlisten* zusammenstellen.

Social Tagging

2.3 Discovery Services – Bücher und Aufsätze in einem Katalog

Eine aktuelle Weiterentwicklung des Bibliothekskatalogs ist die Einführung sogenannter *Discovery Services*. Die Idee ist, Ihnen möglichst
alle Medien, die die Bibliothek zur Verfügung stellt – ob gedruckt oder
elektronisch, ob Artikel oder Buch – in einer integrierten Suche anzubieten. Elektronische Medien sind dabei meistens sogar im Volltext
durchsuchbar. Discovery Services arbeiten mit Suchmaschinentechno-
logie und bieten viele der im letzten Abschnitt erwähnten Funktionen.

Teilweise wird bei solchen Diensten die Suche nach Büchern
(„Bücher und mehr") und Aufsätzen („Aufsätze und mehr") über zwei
getrennte Reiter angeboten, teilweise können Sie Bücher und Artikel
gemeinsam suchen. Oft können Sie sogar über die Bestände Ihrer
Bibliothek hinaus Medien finden und bei Bedarf, wie in Abbildung 8
unter „Suche verfeinern" gezeigt, auf lokal Verfügbares einschränken.

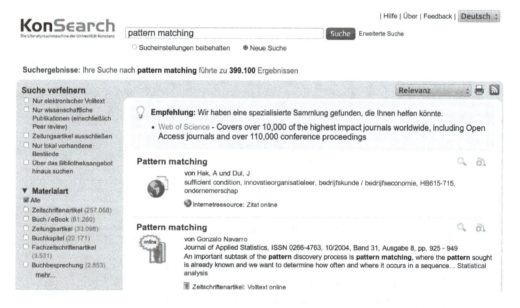

Abb. 8: Trefferliste aus dem Discovery Service KonSearch der Universitätsbibliothek Konstanz

Katalogfunktionen   Discovery Services bieten die klassischen Funktionalitäten eines
Katalogs: Signaturen werden angezeigt, Sie können sehen, ob ein Buch
gerade ausgeliehen ist und Bestellungen absetzen. So dies nicht möglich ist, finden Sie zumindest einen direkten Link zur entsprechenden
Funktion im OPAC. Auch zu elektronischen Volltexten finden Sie immer einen direkten Link.

Für Discovery Services hat sich (noch?) keine Bezeichnung gefunden, die wie „OPAC" oder „Katalog" von vielen Bibliotheken verwendet wird. Hat Ihre Hochschule einen solchen Dienst, so firmiert er unter einem Namen wie Wissensportal (ETH Zürich) oder Primus (HU Berlin). Informieren Sie sich auf der Webseite der Bibliothek oder fragen Sie dort nach. Alle Bibliotheken im Verbund GBV (siehe nächster Abschnitt) haben Zugang zum *GVK-PLUS*, einem Discovery Service, der aus den Daten des Verbundkatalogs und den Online-Contents (vgl. Abschnitt 8.4) besteht.

GVK-PLUS

Ein Discovery Service eignet sich sehr gut als *erster Einstieg* in die Recherche, da Sie in einem sehr großen (Meta-)Datenbestand unabhängig vom Materialtyp recherchieren können und die *Beschaffung* in den Dienst integriert ist. Auch können Sie nur hier gezielt in den an Ihrer Bibliothek verfügbaren Artikeln recherchieren – allerdings können Sie sich nicht darauf verlassen, dass Ihre Bibliothek alles für Sie Relevante tatsächlich lizenziert hat! Genügen Ihnen aber einige wenige Artikel zu einem Thema oder steht die Abgabe Ihrer Arbeit kurz bevor, ist das eine feine Sache.

Vor- und Nachteile

Beachten Sie aber, dass die Metadaten sehr viel heterogener sind, als Sie das vom OPAC her gewohnt sind. In den speziellen Suchinstrumenten, die wir später kennenlernen, können Sie präzisere Suchen durchführen und spezielle Funktionen nutzen. So groß die Suchindizes der Discovery Services sein mögen – vollständig sind auch sie nicht.

2.4 Verbundkataloge – Suche über die eigene Bibliothek hinaus

Was tun, wenn Sie im OPAC Ihrer Bibliothek nicht fündig werden? Wenn Sie zu wenige interessante Treffer bekommen haben oder Ihr gesuchtes Buch nicht gefunden haben? Dann benötigen Sie Bibliothekskataloge, die die Bestände mehrerer Bibliotheken umfassen.

Im deutschsprachigen Raum gehören praktisch alle größeren wissenschaftlichen Bibliotheken einem *Verbund* an, in dem sich Bibliotheken eines oder mehrerer Bundesländer oder Kantone zusammengeschlossen haben und Ihre Bestände in einem gemeinsamen Verbundkatalog verzeichnen.

Bibliotheksverbund

BVB Bibliotheksverbund Bayern
GBV Gemeinsamer Bibliotheksverbund: Nord- und Ostdeutschland, bis auf Berlin, Brandenburg und Sachsen
hbz Hochschulbibliothekszentrum: Nordrhein-Westfalen und Teile von Rheinland-Pfalz

HeBIS Hessisches Bibliotheksinformationssystem: Hessen und Teile von Rheinland-Pfalz

kobv Kooperativer Bibliotheksverbund: Berlin und Brandenburg

SWB Südwestdeutscher Bibliotheksverbund: Baden-Württemberg, Saarland und Sachsen

OBV Österreichischer Bibliothekenverbund

IDS Informationsverbund Deutschschweiz

Verbundkatalog

Nach dem OPAC Ihrer Bibliothek sollte der Katalog des Verbundes, dem Ihre Heimatbibliothek angehört, Ihre nächste Station sein. Hier können Sie nicht nur in den Beständen nahe gelegener Bibliotheken recherchieren, sondern auch eine *Online-Fernleihe* absetzen, also einen Titel zur Ausleihe in Ihre eigene Bibliothek bestellen (vgl. Abschnitt 18.1). Die Suchmöglichkeiten sind dieselben wie in anderen Bibliothekskatalogen, oft hat der Verbundkatalog sogar eine sehr ähnliche Suchoberfläche wie der OPAC Ihrer Bibliothek.

Verbundkataloge zeigen bei einem Treffer alle Bibliotheken an, die dieses Medium besitzen. Links führen Sie direkt in den dortigen OPAC, wo Sie die üblichen Funktionalitäten wie Bestellung oder Vormerkung nutzen können.

PPN: 213271591

Titel: Combinatorial **pattern matching** algorithms in computational biology using Perl and R / Gabriel Valiente. - Boca Raton : CRC, 2009. - 352 S.

Serie: Mathematical and computational biology series

ISBN: 978-1-4200-6973-0

Hinweise zum Inhalt: Inhaltsverzeichnis

Inhaltsverzeichnis
Zusammenfassung

▲ Nachweisinformationen der besitzenden Bibliothek(en)

⊞ Frankfurt, Universitätsbibliothek Joh. Chr. Senckenberg <30>

Standort: Universitätsbibliothek Johann Christian Senckenberg <30>
Signatur: 88.953.67
Entleihbarkeit: zur Ausleihe bestellbar / in Teilen als Kopie bestellbar

⊞ Marburg, Universitätsbibliothek Marburg <4>

Abb. 9: Treffer im HeBIS-Verbundkatalog mit Besitznachweisen

TIB

Der größte Verbundkatalog ist der des GBV mit über 35 Millionen Titeln. Für Informatiker ist er besonders interessant, denn zum GBV gehört auch die *Technische Informationsbibliothek* in Hannover. Die TIB sammelt technische Literatur – darunter die Informatik – umfassend und hat daher den wohl größten Bestand an Informatikliteratur in Deutschland. Ihre Bestände können Sie per Fernleihe, subito oder dem hauseigenen Lieferdienst GetInfo nutzen. (vgl. Abschnitt 18.2). Auch die Bibliotheken der technischen Universitäten z. B. in Aachen, Berlin, München und Karlsruhe haben umfangreiche Informatikbestände.

Bestände von mehr als 72 000 Bibliotheken aus 170 Ländern sind im *WorldCat* verzeichnet. Der Schwerpunkt liegt auf den USA, aber auch die Bestände vieler (aber bei weitem nicht aller!) deutscher und europäischer Bibliotheken finden Sie hier. Mit dem WorldCat recherchieren Sie im weltweit größten Verbundkatalog mit über 260 Millionen Medien.

Wie in vielen Verbundkatalogen, sind auch im WorldCat viele *Dubletten* enthalten – mehrere Datensätze, die sich auf dasselbe Medium beziehen. Dies ist u. a. verschiedenen Katalogisierungsregeln in verschiedenen Ländern und zu verschiedenen Zeiten geschuldet. Der WorldCat bietet Ihnen aber mit dem Link „Alle Ausgaben und Formate anzeigen" eine praktische Möglichkeit, darüber einen Überblick zu gewinnen.

Wenn Sie Literaturangaben zu einem Buch haben und finden es nicht, hilft ein Blick in den WorldCat. Ist es selbst dort nicht verzeichnet, ist es wahrscheinlich, dass Ihre Angaben fehlerhaft sind oder das Buch nie erschienen ist.

Für eine thematische Recherche eignet sich der WorldCat, anders als andere Verbundkataloge, aufgrund der heterogenen Erschließung nur bedingt. Dafür sind fast alle Features eines „NextGen Catalogues" im WorldCat realisiert, darunter zahlreiche Personalisierungsfunktionen, Tagging, Nutzer-Rezensionen und vieles mehr. Im WorldCat finden Sie übrigens anders als in anderen Bibliothekskatalogen auch Aufsätze.

2.5 KVK – Karlsruher Virtueller Katalog

Ebenfalls weniger für thematische Recherchen, dafür um so mehr für formale Recherchen nach „exotischen" Titeln, ist neben dem World-Cat der von der KIT-Bibliothek betriebene *Karlsruher Virtuelle Katalog* (KVK) ein gutes Suchinstrument. Möchten Sie wissen, ob ein Buch in Deutschland vorhanden ist und daher für Sie per Fernleihe beschaffbar: Suchen Sie im KVK!

Der KVK ist ein *Metakatalog*, mit dem Sie parallel verschiedene Bibliothekskataloge durchsuchen können, aber auch eine Reihe anderer

WorldCat

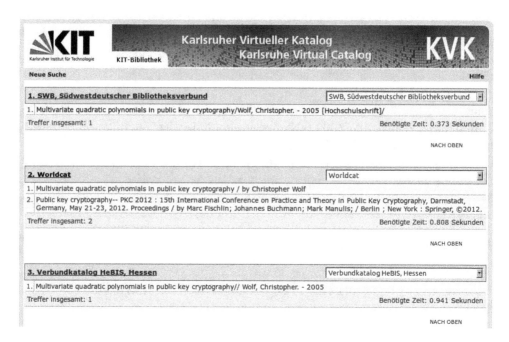

Abb. 10: Trefferliste im Karlsruher Virtuellen Katalog

Quellen wie Buchhandelskataloge. Darunter sind alle deutschsprachigen Verbundkataloge, der Katalog der TIB, der WorldCat, sowie Verbundkataloge und Kataloge der Nationalbibliotheken vieler europäischer Länder. Vor der Suche können Sie auswählen, in welchen Katalogen Sie recherchieren wollen. Als virtueller Katalog listet der KVK die Treffer getrennt nach ihren Quellen auf, Sie sehen den gleichen Treffer in der Trefferliste also meist mehrfach. Ein Klick auf den Titel bringt Sie dann zum jeweiligen Katalog und der Vollanzeige des Titels. Nur dort haben Sie die katalogtypischen Möglichkeiten wie Bestellfunktionen. Denken Sie daran: Sie können eine Fernleihe nur im Katalog Ihres eigenen Verbundes aufgeben, bestellen können Sie aber dort Bestände aus ganz Deutschland mit Hilfe eines Formulars, in das Sie die Buchdaten eintragen.

3 Aufsatzdatenbanken und Fachbibliographien

Die im letzten Kapitel besprochenen Bibliothekskataloge eignen sich für die Suche nach Büchern und Zeitschriften, nicht aber nach *unselbstständigen Werken*, also Artikeln oder Buchkapiteln. Da Forschungsergebnisse in der Informatik praktisch ausschließlich als

Artikel veröffentlicht werden, benötigen Sie diese für jede wissenschaftliche Arbeit – eine Recherche im OPAC allein ist nicht hinreichend.

Bibliothekskataloge haben einen weiteren Nachteil: Sie verzeichnen nur Medien, die eine Bibliothek besitzt oder zu denen sie Zugang bietet. Für eine umfassende thematische Recherche genügt dies nicht, keine Bibliothek kann alle Medien anbieten, die ihre Nutzer benötigen könnten.

In den nächsten beiden Kapiteln lernen Sie Rechercheinstrumente kennen, mit denen Sie nach Aufsatzliteratur in der Informatik suchen können. Wir beginnen mit den bibliographischen Datenbanken und wenden uns anschließend den wissenschaftlichen Suchmaschinen zu.

Wenn Bibliothekare *Datenbank* sagen oder schreiben, meinen sie eine *bibliographische Datenbank*, in der die Metadaten von Büchern, Artikeln und anderen Dokumenten verzeichnet sind. Andere Typen von Datenbanken werden genauer bezeichnet: Faktendatenbank, Statistikdatenbank oder biographische Datenbank.

Eine *Bibliographie* ist eine Sammlung von Publikationsnachweisen, die nach inhaltlichen oder auch formalen Kriterien eingegrenzt möglichst vollständig alle Publikationen verzeichnet.

Eine *Fachbibliographie* ist demnach eine Sammlung von Publikationsnachweisen zu einem bestimmten Fachgebiet. Während sie früher noch als gedruckte Bände erschienen, sind Fachbibliographien heute praktisch nur noch als Datenbanken zu finden – erst recht in der Informatik.

Datenbank

Fachbibliographie

Die meisten dieser Suchinstrumente verzeichnen zwar die bibliographischen Daten der Medien, enthalten aber keine Bestellmöglichkeit für Gedrucktes und nur manchmal die Volltexte der elektronischen Medien. Wie Sie die Dokumente ausleihen, bestellen oder online nutzen können, müssen Sie nach der Recherche mit einer *Verfügbarkeitsrecherche* herausfinden. Das ist am bequemsten, wenn von der Datenbank ein Link direkt zum Volltext führt. Gibt es diesen nicht oder erhalten Sie dort keinen Zugriff, helfen Ihnen Link-Resolver oder bestandsorientierte Suchinstrumente wie der OPAC, EZB und ZDB weiter. Genaueres hierzu lesen Sie in Kapitel 18.

Beschaffung

Viele der vorgestellten Suchinstrumente sind lizenzpflichtig. Ihre Hochschulbibliothek bietet Ihnen Zugang zu vielen, aber möglicherweise nicht allen. Über welche Lizenzen Ihre Bibliothek verfügt und wie Sie sie nutzen können, finden Sie im Datenbank-Infosystem DBIS (vgl. Abschnitt 7.2). Beachten Sie auch die Hinweise in Abschnitt 18.1 zum Zugang zu lizenzierten Inhalten, die analog auch für den Zugang zu Datenbanken gelten.

Lizenzen

3.1 Zitationsdatenbanken – Web of Science und Scopus

Wir beginnen mit zwei Datenbanken, die sich durch ihren Umfang, ihre komfortablen Suchoberflächen und die Tatsache, dass Sie Zitationsdaten beinhalten, auszeichnen. Sie eignen sich daher sehr gut, Ihre ersten Erfahrungen mit der Artikelsuche zu sammeln. Die meisten Hochschulen haben eine oder beide dieser Datenbanken lizenziert. Durch ihr fachlich breites Spektrum bieten sich die beiden Datenbanken insbesondere auch dann an, wenn Sie ein interdisziplinäres Thema bearbeiten.

Web of Science

Web of Science (WoS) von Thomson Reuters hat seine Ursprünge – wie der Name suggeriert – in den Natur- und Ingenieurwissenschaften mit dem seit 1961 existierenden *Science Citation Index*. Heute umfasst WoS aber auch den Bereich Sozial- und Geisteswissenschaften.

Scopus

Scopus von Elsevier ist fachlich noch etwas breiter gelagert, reicht aber in vielen Bereichen weniger weit in die Vergangenheit zurück, was für die meisten Fragestellungen aus der Informatik kaum eine Rolle spielen dürfte. In beiden finden Sie fast 50 Millionen Datensätze. Der Schwerpunkt liegt jeweils auf dem anglo-amerikanischen Bereich, andere Sprachen werden in Scopus besser berücksichtigt als in WoS. Beachten Sie aber, dass die Suchsprache immer Englisch ist, auch bei anderssprachigen Artikeln sind Metadaten und Abstracts auf Englisch enthalten. Beide Datenbanken verzeichnen in erster Linie Artikel und kaum Bücher, Dissertationen oder andere Dokumenttypen. Auch Artikel aus Konferenzbänden sind erfasst.

Achtung, für Web of Science gibt es unterschiedliche Lizenzen, nicht alle umfassen auch den *Conference Proceedings Citation Index*. Im CPCI sind etwa eine Million Informatik-Konferenzartikel enthalten, ohne ihn finden Sie diese in WoS in größerem Umfang nur bis etwa 2006. Zu welchen Teilen Sie Zugang haben, sehen Sie in DBIS und auf der Suchoberfläche von Web of Science unter „Current Limits" (vgl. Abbildung 11).

Einen guten Überblick über den Umfang der Informatikliteratur in beiden Datenbanken bietet der Artikel [WGB11]. Diese Untersuchung zeigt, dass die Abdeckung von Scopus etwas größer als die von WoS ist. Aber auch Scopus enthält „nur" circa zwei Drittel der Publikationen eines typischen Informatikers. Für eine vollständige Recherche werden Sie daher zwar zusätzlich weitere Suchinstrumente befragen müssen, aber in vielen Fällen finden Sie in WoS und Scopus genug Material für einen Einstieg.

Ein Nachteil von WoS und Scopus ist die fehlende sachliche Erschließung durch einen Thesaurus oder eine Klassifikation. Zwar gibt

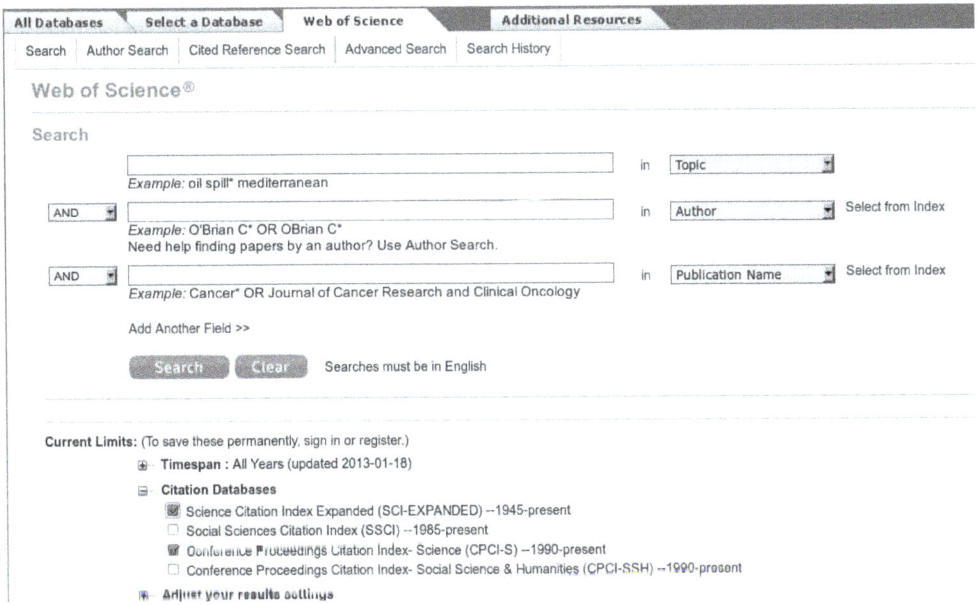

Abb. 11: Sucheinstieg bei Web of Science

es in WoS „Categories", doch diese sind sehr grob und werden auf
Zeitschriften- nicht auf Artikelebene vergeben. Sie eignen sich daher
nur bedingt für Sucheinschränkungen. Für eine thematische Recherche müssen Sie somit auf das Suchfeld „Topic" zurückgreifen, das in
Titel und Abstract sucht. Dies empfiehlt sich in jedem Fall gegenüber
einer Recherche im Feld „Titel", da Sie so in einer breiteren Datenbasis
suchen können.

Rufen Sie in einer der Datenbanken die Vollanzeige eines Artikels   **Zitationsdaten**
auf, so finden Sie verschiedene *Zitationsdaten* verzeichnet. Das ist zum
einen das *Literaturverzeichnis* des Artikels – allerdings sind nur die
Dokumente mit vollständigen Metadaten aufgelistet, die auch in der
jeweiligen Datenbank enthalten sind. Zum anderen geht es auch umgekehrt: Sie können sich diejenigen Dokumente anzeigen lassen, in
deren Literaturverzeichnis Ihr Treffer auftaucht (*Cited by*). Da Aufsätze, die sich zitieren, meist ähnliche Themen behandeln, können Sie
hier besonders gut eine Schneeballstrategie (Abschnitt 5.4) verfolgen.
Mit Hilfe des elektronisch erfassten Literaturverzeichnisses des Treffers finden Sie thematisch ähnliche ältere Artikel und mit Hilfe der
Artikel, die den Treffer zitieren, neuere. Dies ist während einer thematischen Recherche sinnvoll, um weitere relevante Treffer zu finden. Es
kann sich auch lohnen, allein zu diesem Zweck einen bereits bekannten Aufsatz in WoS oder Scopus zu suchen. In Scopus sind Zitations-

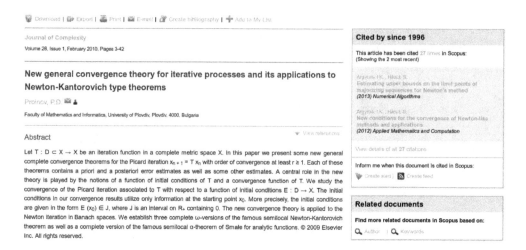

Journal of Complexity

Volume 28, Issue 1, February 2010, Pages 3-42

New general convergence theory for iterative processes and its applications to Newton-Kantorovich type theorems

Proinov, P.D.

Faculty of Mathematics and Informatics, University of Plovdiv, Plovdiv, 4000, Bulgaria

Abstract   ▼ View references

Let $T : D \subset X \to X$ be an iteration function in a complete metric space X. In this paper we present some new general complete convergence theorems for the Picard iteration $x_{n+1} = T x_n$ with order of convergence at least $r \geq 1$. Each of these theorems contains a priori and a posteriori error estimates as well as some other estimates. A central role in the new theory is played by the notions of a function of initial conditions of T and a convergence function of T. We study the convergence of the Picard iteration associated to T with respect to a function of initial conditions $E : D \to X$. The initial conditions in our convergence results utilize only information at the starting point x_0. More precisely, the initial conditions are given in the form $E (x_0) \in J$, where J is an interval on R_+ containing 0. The new convergence theory is applied to the Newton iteration in Banach spaces. We establish three complete ω-versions of the famous semilocal Newton-Kantorovich theorem as well as a complete version of the famous semilocal α-theorem of Smale for analytic functions. © 2009 Elsevier Inc. All rights reserved.

Cited by since 1996

This article has been cited 27 times in Scopus:
(Showing the 2 most recent)

Argyros I.K., Hilout S.
Estimating upper bounds on the limit points of majorizing sequences for Newton's method
(2013) Numerical Algorithms

Argyros I.K., Hilout S.
New conditions for the convergence of Newton-like methods and applications
(2012) Applied Mathematics and Computation

View details of all 27 citations

Inform me when this document is cited in Scopus:

Create alert | Create feed

Related documents

Find more related documents in Scopus based on:

Author | Keywords

Abb. 12: Einzeltrefferanzeige in Scopus

daten erst bei Artikeln ab 1996 verzeichnet, in Web of Science bei allen Artikeln.

Die Zitationsdaten bieten Ihnen einen weiteren Vorteil: Sie können Ihre Trefferliste nach der Anzahl der Zitationen sortieren lassen. So können Sie zu einem Thema komfortabel die Kernartikel identifizieren: Was häufig zitiert wurde, hatte zumeist viel Einfluss auf das Gebiet. Oft sind dies die Artikel, in denen Grundlagen gelegt wurden und die die wichtigsten Ergebnisse enthalten. Oder es sind Überblicksartikel, sogenannte Surveys, die ein Gebiet knapp und übersichtlich darstellen. Beides können gute Startpunkte sein, gerade wenn Sie sich

Abb. 13: Trefferliste zu *"augmented reality"* in Web of Science, sortiert anhand der Zitationszahlen

in ein Thema neu einlesen. Im Fall der Suche aus Abbildung 13 erhalten Sie als oberste Treffer zwei Überblicksartikel.

Ein weiterer großer Vorteil beider Datenbanken: Die Suchoberflächen sind sehr gut und bieten alle Möglichkeiten, die wir in den letzten beiden Kapiteln behandelt haben. Die Trefferlisten lassen sich auf vielfältige Weise filtern, sortieren und analysieren. Web of Science und Scopus erlauben daher eine besonders komfortable Recherche und eignen sich wegen der Zitationsdaten und Analysemöglichkeiten gut, um einen ersten Überblick zu bekommen und wichtige Artikel, Autoren und Zeitschriften zu identifizieren. Wegen ihrer unzureichenden Abdeckung, insbesondere von Konferenzartikeln, sollten Sie aber in vielen Fällen weitere Suchinstrumente heranziehen.

Suchoberfläche

Eine praktische Funktionalität bietet Scopus mit dem *Document Download Manager* (DDM). Dieser erlaubt Ihnen bis zu 50 Volltexte gleichzeitig herunterzuladen – vorausgesetzt sie sind frei zugänglich oder von Ihrer Bibliothek lizenziert. Dazu markieren Sie einfach die gewünschten Artikel in der Treffer- oder Merkliste und klicken auf Download – und ersparen sich jedes PDF einzeln herunterzuladen.

3.2 Inspec

Die traditionsreiche Fachbibliographie Inspec verzeichnet seit 1967 Literatur aus der Physik, Elektrotechnik und Informatik — insgesamt etwa 13 Millionen Datensätze. Produziert wird sie von der *Institution of Engineering and Technology* (IET), der britischen Fachgesellschaft der Ingenieure. Erfasst werden in erster Linie Artikel aus Zeitschriften und Konferenzbänden, aber auch andere relevante Dokumente wie Bücher, Dissertationen und Reports. Entsprechend des fachlichen Fokus von Inspec ist die Abdeckung in technischen und praktischen Informatik besser als in der theoretischen Informatik.

Erschlossen werden die Datensätze durch den *Inspec-Thesaurus* und durch eine Klassifikation. Anders als bei Web of Science und Scopus haben Sie hier den Komfort einer Suche mit einem kontrollierten Vokabular – in der Tat ist dies neben den WTI-Datenbanken (vgl. Abschnitt 8.1) das einzige Suchinstrument, das wir kennenlernen werden, das dies für die Suche nach Informatik-Aufsatzliteratur anbietet. Daher ist Inspec ideal, wenn Sie nach einem neuen Thema recherchieren und sich mit den Suchbegriffen und Synonymen noch unsicher sind. Aber auch in allen anderen Fällen werden Sie die dadurch möglichen präzisen Suchen sicher zu schätzen wissen.

Thesaurus

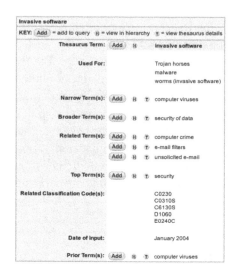

Abb. 14: Der Inspec-Thesaurus (Suchoberfläche: Web of Knowledge)

Der Thesaurus (Abbildung 14) verzeichnet zu jedem Begriff Ober-, Unter- und verwandte Begriffe und ermöglicht somit einen einfachen Aufbau Ihrer Suchstrategie, die sie sukzessive variieren und ergänzen können. In Abbildung 15 wurde unsere Beispiel-Suche (vgl. Abschnitt 1.2) mit Hilfe des Thesaurus durchgeführt und bei jedem Aspekt nach dem passenden Begriff und all seinen Unterbegriffen gesucht.

Inspec®

Search History

Set	Results	Save History / Create Alert Open Saved History	Combine Sets AND OR Combine	Delete Sets Select All ✕ Delete
# 3	128	#2 AND #1 *Databases=Inspec Timespan=All Years*	⬚	⬚
# 2	5,676	Controlled Index=(invasive software OR computer viruses) *Databases=Inspec Timespan=All Years*	⬚	⬚
# 1	122,113	Controlled Index=(learning artificial intelligence OR unsupervised learning OR backpropagation OR learning by example OR Hebbian learning) *Databases=Inspec Timespan=All Years*	⬚	⬚
			AND OR Combine	Select All ✕ Delete

Abb. 15: Suche in Inspec mit Hilfe des Thesaurus

Eine etwas gröbere Erschließung ist die *Klassifikation*. Sie eignet sich sehr gut, um Trefferlisten zu filtern, wenn Sie sich nur für einen bestimmten Aspekt eines Themas interessieren. Da die Klassifikationscodes strukturtragend sind, können Sie hierarchische Suchen durch Trunkierung erreichen (vgl. hierzu Abschnitt 5.2).

Die *Metadaten* in Inspec sind qualitativ sehr gut und umfangreich. Neben den üblichen bibliographischen Feldern finden Sie einige sehr spezielle Felder. Mit Hilfe des Felds „Treatment" können Sie gezielt nach theoretischen oder praktischen Arbeiten suchen. Auch eine Vielzahl numerischer Daten werden indexiert und suchbar gemacht, beispielsweise die FLOPS und Instruktionen pro Sekunde im Bereich des Hochleistungsrechnens. So werden Abfragen nach Artikeln über Großrechner mit mehr als 1 PetaFLOPS ermöglicht, die Sie so nirgends anders durchführen können.

Mit Inspec haben wir ein erstes Beispiel für die in Abschnitt 1.3 beschriebene Trennung zwischen Datenbank und Suchoberfläche. Die Daten selbst werden von IET erstellt und gepflegt. Eine Vielzahl von Datenbank-Anbietern wie Ebsco oder Ovid vertreiben sie und bieten die Datenbank über ihre eigenen Suchoberflächen an. Diese unterscheiden sich von Anbieter zu Anbieter. In Abbildung 16 sehen Sie die Sucheinstiege einmal bei Ovid und einmal bei Thomson Reuters (Web of Knowledge) – derselben Oberfläche unter der auch Web of Science angeboten wird. Ob und welchen Zugang zu Inspec Ihre Hochschule lizenziert hat, verrät Ihnen DBIS (vgl. Abschnitt 7.2).

Klassifikation

Metadaten

Suchoberfläche

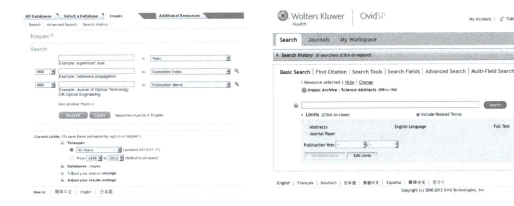

Abb. 16: Suchoberflächen für Inspec: links Web of Knowledge, rechts Ovid

Die Vorteile von Inspec gegenüber WoS oder Scopus liegen auf der Hand: Durch die tiefere sachliche Erschließung mit dem Thesaurus und den fachlichen Fokus werden Sie in Inspec einfacher präzise Trefferlisten erzielen können. Da Inspec aber keine Zitationsdaten enthält, können Sie deren Vorteile nicht ausnutzen. Die Abdeckung von Inspec ist sehr gut, insbesondere wegen der umfangreich verzeichneten Konferenzen.

3.3 DBLP

Nach den fachübergreifenden Zitationsdatenbanken und Inspec lernen Sie nun das erste Suchinstrument kennen, in dem *ausschließlich* Informatik zu finden ist.

Die *DBLP* wird von Informatikern der Uni Trier erstellt, seit 2011 in Zusammenarbeit mit dem Leibniz Zentrum für Informatik (Schloss Dagstuhl). Mit über zwei Millionen Einträgen ist die Abdeckung der DBLP sehr gut, eine der besten unter den vorgestellten Instrumenten. Das gilt besonders für die Bereiche Datenbanken und logische Programmierung, auf die die DBLP früher beschränkt war – daher auch das Akronym. Inzwischen werden aber alle Bereiche der Informatik gleichermaßen indexiert.

Metadaten   Die *Metadaten* sind verglichen mit den bisherigen Suchinstrumenten eher mager. In der DBLP sind keine Abstracts oder Schlagworte – außer in manchen Fällen „Author Keywords" – enthalten. Konsequenterweise gibt es daher keine Vollanzeige, Sie werden von der Trefferliste direkt zum Volltext geleitet oder können die Icons zum Export der Metadaten bzw. zum Anstoßen einer Suche in anderen Suchmaschinen nutzen.

Die DBLP eignet sich somit weniger für thematische Recherchen, da nur eine Titelstichwortrecherche möglich ist. Für *formale Recherchen* dagegen ist sie sehr empfehlenswert. Suchen Sie nach einem Autor, erhalten Sie eine Liste, aus der sie den passenden auswählen können. Die *Autorenseite* selbst verzeichnet neben den Publikationen häufig auch die Homepage des Wissenschaftlers und zeigt übersichtlich seine Koautoren an. Verschiedene Namensformen sind, anders als in anderen Fachbibliographien, häufig berücksichtigt. Auch die Suche nach Konferenzen ist ausgezeichnet und die DBLP weist zusätzlich die Konferenzwebseiten nach, auf denen Sie manchmal die Proceedings frei zugänglich finden können.

Suchoberfläche   Möchten Sie eine Titelstichwortsuche durchführen, so gibt *mehrere Suchoberflächen*, die auf der Startseite der DBLP verlinkt sind. Unter diesen bietet die Metasuche *Free Search* (siehe Abschnitt 14.3) die umfangreichsten Möglichkeiten für eine thematische Recherche. Aber auch die beiden anderen bieten interessante Funktionen: Die *Comple-

Abb. 17: Autorenseite in der DBLP

teSearch zeigt Trefferlisten und Filter bereits bei der Eingabe der Suchbegriffe an, die *Faceted Search* bietet für die „Author Keywords" eine
semantische Suchmöglichkeit („Grow Bags") an.

Die Daten der DBLP sind als *Open Data* freigegeben und können **Open Data**
als XML heruntergeladen und weiterverarbeitet werden. Daher sind
die Daten der DBLP – anders als die kommerzieller Datenbanken –
auch mit einer Vielzahl von anderen (Meta-)Suchinstrumenten durchsuchbar, darunter io-port.net und FreeSearch (Kapitel 14). Diese bieten
teilweise andere und umfangreichere Suchmöglichkeiten – so lassen
sich beispielsweise in io-port.net auch die Abstracts durchsuchen. Sie
können für thematische Recherchen in den Daten der DBLP eine gute
Alternative bieten.

Volltexte sind in der DBLP als bibliographische Datenbank nicht **Zugang zum Volltext**
enthalten, aber per DOI oder URL verlinkt. Ein Link-Resolver ist, anders als in den andern Datenbanken dieses Kapitels, nicht integriert.

Wegen ihres Umfangs und der trotz automatischer Erzeugung ver- **Export**
gleichsweise guten Metadaten eignet sich die DBLP als Quelle, um Ihre
Literaturverwaltung zu füttern und BibTEX-Daten herunterzuladen. Im
Gegensatz zu anderen Suchinstrumenten, die BibTEX zwar als Export-
format anbieten, sind die Daten hier wirklich auf die Bedürfnisse von
LATEX-Nutzern zugeschnitten: Umlaute, Akzente und Formeln werden
in korrekter LATEX-Notation ausgegeben. Die crossref-Funktion wird verwendet, sodass Sie bei einem Konferenzbeitrag sowohl einen Datensatz zum Artikel wie auch einen zur Konferenz erhalten, die miteinander verlinkt sind.

4 Suchmaschinen

Mit der Verbreitung des Internets in den Neunziger Jahren entstanden fast gleichzeitig die ersten Suchmaschinen wie Altavista oder Yahoo, denn nur so konnten neue Inhalte im WorldWideWeb bequem gefunden werden. Im Jahr 1998 tauchte eine neue Suchmaschine auf, die im Laufe der nächsten Jahre einen unvergleichlichen Siegeszug startete: Google. „Googeln" ist heute ein Synonym für „Suchen und Finden im Internet" geworden, das im Sprachgebrauch etabliert und im Duden verankert ist. Wir haben uns daran gewöhnt, alle Informationen zu googeln. Natürlich haben Suchmaschinen auch ihre Bedeutung für die wissenschaftliche Recherche. Diverse Umfragen haben gezeigt: für Wissenschaftler ist Google ebenfalls *das* Suchinstrument im Alltag.

Suchmaschinen sind einfach zu bedienen und liefern in Sekundenschnelle große Treffermengen. Ihre Ranking- und Suchalgorithmen nehmen Ihnen viel Denkarbeit ab – aber auch Kontrolle über die Suche. So hilfreich Suchmaschinen sind: Für eine wissenschaftliche Arbeit sollten Sie Ihre Suche auf keinen Fall auf die gängigen Suchmaschinen beschränken. Trotz ihrer riesigen Indizes entgehen Ihnen große Teile des Web und die fehlende Filterung der Inhalte zwingt Sie zu einer rigiden und aufwendigen Auswahl und Bewertung der Treffer.

Das folgende Kapitel stellt Ihnen neben Google weitere Suchmaschinen vor, die sich insbesondere für die Literaturrecherche eignen und gibt Ihnen einige Tipps, wie Sie Google und Co zielführender nutzen können.

4.1 Allgemeine Suchmaschinen – Google

Mit einer Googlesuche werden Sie (fast) zu jeder Suchanfrage Treffer bekommen, meist viel mehr, als Sie durchsehen können oder wollen. Suchen Sie nach einem Faktum oder wollen ein bestimmtes Problem lösen und finden das Gewünschte unter den ersten Treffern, ist das eine feine Sache. Einer der obersten Treffer ist sehr häufig der Wikipedia-Artikel – in der Tat kein ganz schlechter Startpunkt für eine Recherche zu einem gänzlich neuen Thema, zumal dort meist auch erste Literaturstellen zu finden sind (vgl. Kapitel 15).

Während die Rechercheinstrumente, die wir bisher betrachtet haben, mit einer sehr rigiden Syntax Ihre Suchanfrage umsetzen und reproduzierbare Trefferlisten ausgeben, ist dies bei Google und anderen Suchmaschinen im Allgemeinen nicht so. Beispielsweise verknüpft **AND** Google mehrere Suchbegriffe im Prinzip wie der OPAC mit AND. Allerdings kann es passieren, dass einige Ihrer Suchbegriffe im Treffer trotzdem nicht auftreten, wenn Google der Meinung ist, so bessere Ergebnisse zurückzugeben. Sie können erzwingen, dass ein Begriff auftaucht, indem Sie ihn in Anführungszeichen einschließen, also eine eigentlich unsinnige Phrasensuche mit einem einzigen Wort vornehmen.

Das Boolesche OR (auch mit | ansprechbar, wie Sie es von regulären Ausdrücken her kennen) ist ebenfalls verfügbar. Ein NOT erreichen Sie durch das Voranstellen eines Minuszeichens -.

OR und NOT

Google hat ausgefeilte Algorithmen zur *unscharfen Suche*, so werden mit Ihren Suchbegriffen auch unterschiedliche grammatikalische Formen gesucht, Tippfehler werden automatisch korrigiert und teilweise sogar Synonyme gesucht. Welche Begriffe im Treffer gefunden wurden, erkennen Sie an der Fettschrift. Tippen Sie *Fernsehen* ein, so wird auch *TV* gesucht – meistens ist das sehr hilfreich. Im Einzelfall kann es aber auch haarscharf vorbei sein: So findet die Suche in Abbildung 18 nach *"alan turing" bibliography* auch Seiten, in denen der Begriff *biography* vorkommt – synonym sind diese beiden Begriff aber nicht. Auch hier können Sie die Phrasensuche verwenden, um die Suchmaschine zu zwingen, nur Treffer anzuzeigen, die den Suchbegriff in der Tat genauso enthalten, wie Sie ihn eingegeben haben. Umgekehrt bewirkt die Tilde ~ explizit die Suche nach Synonymen.

Unscharfe Suche

Alan Turing - Bibliography
www.turing.org.uk/sources/biblio.html - Diese Seite übersetzen
Bibliography of **Alan Turing** (1912-1954): his work in mathematical logic, theory of computation and computers, philosophy of artificial intelligence, mathematical ...

Alan Turing – Wikipedia
de.wikipedia.org/wiki/**Alan_Turing**
Alan Turing war ein hervorragender Marathonläufer. .... Juli 2012; ↑ turing.org: Andrew Hodges, **Alan Turing**: a short **biography**; ↑ a b BBC News: Thousands ...

Alan Turing - Wikipedia, the free encyclopedia
en.wikipedia.org/wiki/**Alan_Turing** - Diese Seite übersetzen
11.1 UK celebrations. 12 See also; 13 Notes; 14 **References**; 15 Further reading ... **Alan Turing** memorial statue in Sackville Park, Manchester. After Sherborne ...

Abb. 18: Unscharfe Suche bei Google

Die Suchen nach C++ oder F# funktionieren in Google auch ohne Phrasensuche. Solche bekannten Bezeichnungen, die Sonderzeichen enthalten, sind im Google-Index extra hinterlegt.

Durch die unscharfe Suche sind *Trunkierungen* in vielen Fällen nicht nötig, aber leider auch nicht möglich. Der Stern * ersetzt in Google stattdessen ganze Wörter. So findet *"Computer supported * learning"* Treffer mit „Computer supported collaborative learning", aber auch „Computer supported ubiquitous learning" und viele weitere.

Sie brauchen sich die meisten Operatoren nicht zu merken, sondern können die erweiterte Suche verwenden. Diese finden Sie immer mal wieder an anderen Stellen, im Moment (Anfang 2013) unterhalb der Trefferliste. Wenn Sie sie nicht finden: Googeln Sie danach, das klappt sicher!

Suchsyntax

| oder OR	Boolesches OR
-	Boolesches NOT
*	ersetzt ganze Wörter
"..."	Phrasensuche, auch für einzelne Wörter, um nur Treffer angezeigt zu bekommen, die genau dieses Wort enthalten
~	Suche auch nach Synonymen
filetype:	Suche nach bestimmten Dateitypen, z. B. *filetype:pdf*
link:	Findet Seiten, die auf eine Website verlinken, z. B. *link:www.theiet.org*
x..y	Findet Seiten, die einen numerischen Wert zwischen x und y enthalten
define:	Findet Definitionen des Begriffs in der Wikipedia und auf anderen Webseiten

Filter

Auch die Position der oft hilfreichen *Suchfilter* wechselt gelegentlich. Die Einschränkung nach der Zeit ist empfehlenswert, wenn Sie nach Nachrichten suchen oder beispielsweise ein Problem mit Ihrem Betriebssystem lösen wollen und daher aktuelle Informationen benötigen. Hinter dem Filter, der etwas kryptisch mit „Alle Ergebnisse" überschrieben ist (Abbildung 19), verbergen sich einige sinnvolle Einschränkungen. Sie können gezielt danach filtern, ob Sie eine Seite bereits besucht haben oder nicht. Mit „mehr Text" können Sie werbeorientierte Seiten oder bilderreiche Firmenhomepages ausfiltern und Blogbeiträge oder (hoffentlich wissenschaftliche) Texte weiter nach oben bringen.

PageRank

Warum ist Google überhaupt so erfolgreich geworden? Hauptsächlich verdankt die Suchmaschine das der Tatsache, dass Googles Relevanzranking deutlich bessere Ergebnisse als die damals etablierten Suchmaschinen lieferte. Der sogenannte *PageRank* wertet Seiten dann als relevanter, wenn viele Seiten auf diese verlinken. Es handelt sich um ein rekursives Verfahren: Ein Link von einer Seite mit hohem PageRank erhöht den Rank der Zielseite stärker als ein Link von einer niedriger geranken Seite. Das ist der Kern, um den sich

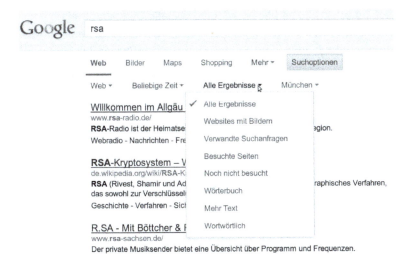

Abb. 19: Suchfilter bei Google

die heutigen Google-Ranking-Algorithmen gebildet haben, die viele andere Kriterien miteinbeziehen. Darunter sind solche, die auch in bibliographischen Datenbanken verwendet werden, wie die Häufigkeit des Suchworts in einem Treffer in Relation zur Häufigkeit im gesamten Datenbestand oder die Gewichtung, wo auf der Seite ein Suchbegriff steht. Einem Wort aus dem Titel einer Webseite wird mehr Gewicht beigemessen als einem Wort, das irgendwo im Text der Webseite vorkommt.

Das Ranking lässt sich durch Ihre Sucheingabe beeinflussen, so spielt beispielsweise die Reihenfolge der Begriffe eine Rolle. Durch mehrfache Wiederholung eines Wortes bringen Sie andere Treffer nach oben. Das ist dann hilfreich, wenn Google einen Begriff zu ignorieren scheint.

Googles Suchergebnisse sind personalisiert, auch wenn Sie keinen Google-Account haben oder nicht eingeloggt sind. Ihre bisherigen Suchgewohnheiten werden ebenso mit einbezogen wie der Ort, an dem Sie sich befinden. So erhält jeder Google Nutzer eine andere Trefferliste, selbst bei exakt gleicher Eingabe. Wenn Sie dies stört, können Sie *DuckDuckGo* verwenden, eine Suchmaschine, die explizit die digitale Privatsphäre ihrer Nutzer schützt, indem sie keine Cookies verwendet, keine Suchabfragen speichert oder an die Zielseite weitergibt.

Die Suchfunktionen und insbesondere die Indizes der großen Suchmaschinen unterscheiden sich erheblich: Nutzen Sie daher auch Googles Konkurrenten wie *Bing*, *Ask.com* und *Yahoo*. Aber auch kleinere Suchmaschinen bieten oft verblüffende Funktionen, von der

DuckDuckGo

Bing
Ask.com
Yahoo

38 — Basics

semantischen Suche über besondere visuelle Darstellung bis hin zur Meta-Suche wie *MetaGer* über mehrere Suchmaschinenindizes. Eine Übersicht finden Sie in der Suchfibel unter http://www.suchfibel.de.

Deep Web

Wollen Sie eine fundierte Literaturrecherche durchführen, so treffen Sie bei allen Suchmaschinen auf einige Probleme: So groß der Index von Google und anderen Suchmaschinen auch sein mag – ihnen allen bleiben große Teile des Internets verborgen. Das *Deep Web* ist der Teil des Webs, der sich der Indexierung mit klassischen Suchmaschinentechnologien entzieht. Dazu gehören zum einen Seiten, die *zugangsgeschützt* sind oder durch eine *robots.txt* von der Indexierung ausgenommen werden, aber auch Inhalte, die sich einer (textuellen) Indexierung prinzipiell entziehen, wie *Videos* oder *Bilder*. Außerdem finden Sie keine *dynamisch erzeugten Seiten*, die erst nach einer Eingabe des Nutzers generiert werden, dazu zählen die Trefferlisten und Vollanzeigen der meisten bibliographischen Datenbanken. Aber auch prinzipiell indexierbare Inhalte können zum Deep Web gehören: Seiten, die *nicht verlinkt* sind und daher durch die Crawler nicht gefunden werden können oder sehr *neue Seiten*, die der Crawler noch nicht besucht hat.

Spezial-Such-maschinen

Solche Inhalte finden Sie nur in spezialisierten Suchinstrumenten, von denen wir mit Katalogen und bibliographischen Datenbanken einige bereits kennengelernt haben. Für die Suche nach Bildern oder Videos gibt es einige Spezial-Suchmaschinen wie *yovisto* oder die „Reverse Image Search" *TinEye*. Für ganz aktuelle Inhalte können Sie *Paperball* oder *Google News* nutzen.

Qualität der Treffer

Eine Suche mit Google vernachlässigt die wissenschaftliche Qualität des Inhalts, sie spielt beim Ranking keine erkennbare Rolle. Einerseits, weil das für die Google-Algorithmen schwer zu fassen ist, andererseits werden von den meisten Suchenden ohnehin andere Inhalte gewünscht. Suchen Sie nach RSA, so werden Sie mehrheitlich Treffer erhalten, die mit dem kryptographischen Verfahren nichts zu tun haben und auf den ersten Trefferseiten überhaupt keine wissenschaftlichen Artikel. Eine allgemeine Suchmaschine filtert nicht nach Qualität, sondern indexiert möglichst alles, was indexierbar ist.

Bewertung

Die Aufgabe zu beurteilen, ob Ihre Treffer wissenschaftlichen Ansprüchen genügen (vgl. Abschnitt 17.1), liegt also einzig und allein bei Ihnen. Das ist anders, wenn Sie in bibliographischen Datenbanken suchen, denn dort sind nur wissenschaftliche Zeitschriften und Konferenzen indexiert und es ist offen gelegt, welche das sind und oft auch nach welchen Kriterien sie Aufnahme in die Datenbank finden. So haben alle Zeitschriften in Web of Science ein Peer-Review-Verfahren. Bei Google finden Sie die Schülerarbeit unter Umständen direkt über oder unter einem hochqualifizierten wissenschaftlichen Aufsatz. Zusammen mit den meist sehr großen Treffermengen macht dies die Sichtung sehr aufwendig.

Aber zum Glück: Neben den allgemeinen Suchmaschinen gibt es auch Suchmaschinen, die sich auf wissenschaftliche Veröffentlichungen spezialisiert haben. Sie finden hier also einerseits weniger – nur wissenschaftliche Inhalte – andererseits davon mehr. Die meisten durchsuchen nämlich mit Hilfe besonderer Schnittstellen auch Teile des Deep Web. Sie finden und indexieren daher auch Dokumente, die nicht frei zugänglich im Internet verfügbar sind.

Wissenschaftliche
Suchmaschinen

4.2 Google Scholar

Wie sein Pendant Google ist auch *Google Scholar* der Platzhirsch unter den wissenschaftlichen Suchmaschinen. Google Scholar verzeichnet Millionen wissenschaftlicher Artikel, Bücher und anderer Dokumente wie Patente und Webseiten von Wissenschaftlern.

Der *Sucheinstieg* erfolgt, wie von der großen Schwester gewöhnt, mit einem einfachen Suchschlitz. Die erweiterte Suche bietet demgegenüber nur wenig mehr. Zudem ist die Suche in den einzelnen Feldern im Vergleich zu den Suchinstrumenten der letzten Kapitel weniger brauchbar: da die *Metadaten* gecrawlt werden, sind sie uneinheitlich. Teilweise werden auch per OCR (Optical Character Recognition) aus den Literaturverzeichnissen Datensätze erzeugt, die an der Kennzeichnung [*Zitation*] des Datensatzes erkennbar sind. Viele Dokumente sind mehrfach enthalten. So werden Sie in Google Scholar für jede Zeitschrift eine Vielzahl an Schreibweisen und Abkürzungen finden. Eine formale Suche ist dadurch erschwert. Verzichten Sie nach Möglichkeit auf Zeitschriftennamen und Vornamen des Autors und geben Sie stattdessen aussagekräftige Titelstichworte oder den kompletten Titel als Phrase ein.

Metadaten

Die Datenbasis von Google Scholar ist sehr breit, aber bei Weitem nicht vollständig. Die Bemerkungen über das Deep Web gelten für Google Scholar zwar nicht in dem Maße wie für Google und andere Suchmaschinen, da hier andere Technologien und Schnittstellen verwendet werden, aber leider ist es für den Nutzer nicht nachvollziehbar, welche Daten enthalten sind. Es gibt keine Listen der enthaltenen Zeitschriften oder Konferenzen, keinen definierten Berichtszeitraum oder Ähnliches. Finden Sie bei Google Scholar einen Artikel aus einer Zeitschrift, können Sie nicht sicher sein, dass die komplette Zeitschrift indexiert worden ist.

Ein großer Vorteil von Google Scholar sind die *Verlinkungen zum Volltext*. Neben dem üblichen verlinkten Titel des Treffers, finden Sie zusätzlich frei zugängliche PDFs bereits neben dem jeweiligen Treffer. Unterhalb des Treffers finden Sie einen Link „Alle *x* Versionen" – dahinter verbirgt sich eine Liste mit verschiedenen URLs zum gleichen Dokument. Darunter sind häufig auch Pre- oder Postprints auf Homepages der Konferenz oder des Autors oder in kleineren Repositorien. Solche Links sind über traditionelle Suchinstrumente kaum zu finden und helfen Ihnen dann weiter, wenn Sie zum Verlagsvolltext keinen Zugang erhalten, weil Ihre Bibliothek keine Lizenz für die betreffende Zeitschrift hat. Achten Sie in diesen Fällen darauf, dass die Version inhaltlich identisch mit der formal veröffentlichten Fassung ist (vgl. Abschnitt 19.2).

Google

Scholar

RSA cryptography

Ungefähr 58.500 Ergebnisse (0,05 Sek.)

Meine Zit

Beliebige Zeit
Seit 2013
Seit 2012
Seit 2009
Zeitraum wählen...

Nach Relevanz
sortieren
Nach Datum
sortieren

Web-Suche
Seiten auf Deutsch

✓ Patente
einschließen
✓ Zitate
einschließen

✉ Alert erstellen

Tipp: Suchen Sie nur nach Ergebnissen auf **Deutsch**. Sie können Ihre Sprache in den Scholar-Einstellungen, festlegen.

Fast implementations of **RSA cryptography**
M Shand, J Vuillemin - Computer Arithmetic, 1993. Proceedings ..., 1993 - ieeexplore.ieee.org
Abstract The authors detail and analyze the critical techniques that may be combined in the design of fast hardware for **RSA cryptography**: chinese remainders, star chains, Hensel's odd division (also known as Montgomery modular reduction), carry-save representation, ...
Zitiert durch: 221 Ähnliche Artikel Alle 13 Versionen

psu.edu [PDF]
SFX

[HTML] Public-key **cryptography** standards (PKCS)# 1: **RSA cryptography** specifications version 2.1
J Jonsson, B Kaliski - 2003 - hjp.at
Rfc, 3447. Title, Public-Key **Cryptography** Standards (PKCS) #1: **RSA Cryptography** Specifications Version 2.1. Author, J. Jonsson, B. Kaliski. Date, February 2003. Format: TXT=143173 bytes. Obsoletes, RFC2437. Status: INFORMATIONAL. ...
Zitiert durch: 229 Ähnliche Artikel Alle 4 Versionen Mehr▾

hjp.at [HTML]

[HTML] PKCS# 1: **RSA cryptography** specifications version 2.0
B Kaliski, J Staddon - 1998 - hjp.at
RFC 2437 PKCS #1: **RSA Cryptography** Specifications October 1998 [18] R. Rivest, A. Shamir and L. Adleman. A Method for Obtaining Digital Signatures and Public-Key Cryptosystems. Communications of the ACM, 21(2), pp. 120-126, February 1978. [19] N. Rogier and P. Chauvaud. The ...
Zitiert durch: 120 Ähnliche Artikel Alle 2 Versionen Mehr▾

hjp.at [HTML]

[ZITATION] Network security
C Stallings, C RSA - PHI., 2010

Abb. 20: Trefferliste in Google Scholar mit SFX-Link beim ersten Treffer

Sie können sich den Zugang von Google Scholar zum Volltext noch weiter vereinfachen, indem Sie SFX (vgl. Kapitel 18) einbinden: geben Sie in den Einstellungen unter „Bibliothekslinks" Ihre Bibliothek ein. Außerdem können Sie einstellen, ob und für welches Programm Sie Metadaten exportieren wollen. Allerdings sollten Sie andere Quellen für Ihre Literaturverwaltung bevorzugen: Aufgrund der automatisch erzeugten und uneinheitlichen Metadaten aus Google Scholar müssen Sie diese besonders sorgfältig nachbearbeiten.

Google Scholar verzeichnet Zitationsdaten und eignet sich daher auch für eine Schneeballstrategie. Hierfür können Sie zusätzlich den Link

„Ähnliche Treffer" nutzen, der nach textstatistischen Methoden Dokumente liefert. Vergleichen Sie die Anzahl der Zitationen zwischen Google Scholar und WoS bzw. Scopus, so werden Sie in den meisten Fällen bei Google Scholar höhere Zahlen finden. Das hat zwei Gründe. Google Scholar ist insgesamt umfangreicher, da es eine weniger rigide Auswahl der Inhalte trifft und beispielsweise auch Preprints indexiert. Außerdem enthält Google Scholar, wie bereits erwähnt, sehr oft mehrfache Einträge zum selben Artikel, die die Zitationszahlen verzerren.

4.3 Citeseer^X

Citeseer^X ist eine wissenschaftliche Suchmaschine speziell für Literatur aus der Informatik, die ca. 750 000 im Internet frei zugängliche Dokumente verzeichnet. Betrieben wird sie von der Pennsylvania State University und stammt daher wie die DBLP aus akademischem Umfeld. Sucheinstiege sowie Filter und Sortiermöglichkeiten der Trefferlisten sind wesentlich umfangreicher, als dies bei Google Scholar der Fall ist.

Wie der Name bereits andeutet: Zitationsdaten werden in Citeseer^X ebenfalls verzeichnet und lassen sich auf vielfältigste Weise nutzen. Unter den verschiedenen Reitern der Vollanzeige (vgl. Abbildung 21) finden Sie unterschiedliche Zitationsdaten.

Zitationsdaten

CiteSeer$^X_\beta$

Search

☐ Include Citations Advanced Search

Online Passive-Aggressive Algorithms (2006)

by Koby Crammer , Ofer Dekel , Joseph Keshet , Shai Shalev-Shwartz , Yoram Singer

Venue: JOURNAL OF MACHINE LEARNING RESEARCH

Citations: 181 - 14 self

Save to List
Add to Collection
Correct Errors
Monitor Changes

Cached
📄

Download Links
[www.jmlr.org]
[www.cs.huji.ac.il]
[ttic.uchicago.edu]
[books.nips.cc]

Summary   Active Bibliography   Co-citation   Clustered Documents   Version History

Active Bibliography

1 A review of RKHS methods in machine learning – Thomas Hofmann, Bernhard Schölkopf, Alexander J. Smola - 2006

5 Step size adaptation in reproducing kernel Hilbert space – Nicol N. Schraudolph, Alex J. Smola, Thorsten Joachims - 2006

10 A new perspective on an old perceptron algorithm – Shai Shalev-shwartz - 2005

2 Online Multiple Kernel Learning: Algorithms and Mistake Bounds – Rong Jin, Steven C. H. Hoi, Tianbao Yang

53 Fast Kernel Classifiers With Online And Active Learning – Antoine Bordes, Seyda Ertekin, Jason Weston, Léon Bottou - 2005

Abb. 21: Trefferanzeige in Citeseer^X

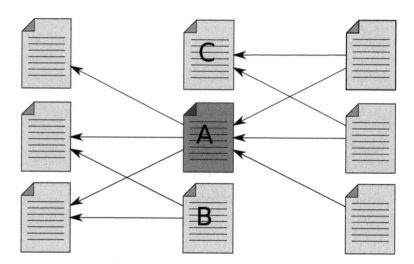

Abb. 22: Vernetzung von Publikationen durch Zitationen

- **Summary.** Das Literaturverzeichnis des Artikels. Aufgeführt werden nur Dokumente, die ebenfalls in Citeseer^X enthalten sind. Die Zahlen vor den Einträgen beziehen sich auf die Anzahl der Zitate, die diese erhalten haben.
- **Active Bibliography.** Artikel, die dieselbe Literatur zitieren, wie der vorliegende Artikel. Dies entspricht der „Related Documents"-Funktion von WoS. In Abbildung 22 ist Artikel B beispielsweise in der Active Bibliography von Artikel A. Diese Artikel bauen auf denselben Artikeln auf.
- **Co-Citations.** Artikel, die von denselben Artikeln wie der vorliegende zitiert werden. In Abbildung 22 ist Artikel C eine Co-Citation von Artikel A. Diese Artikel werden also oft gemeinsam gelesen und zitiert.
- **Clustered Documents.** Verschiedene Versionen der Artikel, ähnlich wie die Versionen in Google Scholar.

Der Link „Citations" oberhalb der Reiter bringt Sie zu den Artikeln, die den vorliegenden zitieren. Damit bietet Citeseer^X die wohl umfangreichste Möglichkeit einer Schneeballstrategie und eignet sich sehr gut, um Kernartikel eines Themas oder eines Autors zu identifizieren. Wie Google Scholar enthält auch Citeseer^X Datensätze, die aus den Literaturverzeichnissen generiert wurden. Ob diese ebenfalls gefunden werden sollen, können Sie mit einer Check-Box unterhalb des Suchschlitzes auswählen. Zitationsdaten finden Sie bei diesen Datensätzen nicht.

Auch für den *Zugang zum Volltext* bietet Citeseer^X gute Möglichkeiten: Rechts oben in der Anzeige des einzelnen Treffers werden, wenn vorhanden, mehrere Quellen, darunter auch Homepages, angezeigt. Legen Sie sich bei Citeseer^X einen Account an, so stehen Ihnen weitere Funktionen zur Verfügung: Sie können unter anderem Kollektionen anlegen und RSS-Feeds generieren, die Ihnen melden, wenn ein bestimmter Artikel zitiert wurde.

Zugang zum Volltext

Natürlich hat auch Citeseer^X seine Schattenseiten: Durch die Crawling-Technik sind Fehler in den Metadaten und Dubletten unvermeidlich. Bei der Suche nach Autoren oder Zeitschriften müssen Sie daher, anders als in der DBLP, verschiedene mögliche Schreibweisen beachten. Dies wird dadurch erschwert, dass Citeseer^X keine Trunkierungen bietet. Entsprechend wenig empfehlenswert ist auch der BibTeX-Export, nutzen Sie lieber die vorhandenen Links zur DBLP.

Metadaten

Export

Empfehlenswert ist Citeseer^X in jedem Fall für Volltextrecherchen und Schneeballstrategien einschließlich der Identifikation von zentralen Artikeln. Für eine differenzierte thematische Recherche sind die Suchmöglichkeiten wie bei fast allen Suchmaschinen zu begrenzt. Durch die Einschränkung auf Dokumente, die frei im Netz zugänglich sind, sind die Treffermengen, insbesondere wenn die „Citations" nicht mit gesucht werden, weniger vollständig als in anderen Suchinstrumenten wie der DBLP. Zeitschriftenartikel finden sich eher weniger als Konferenzartikel, die häufig (zusätzlich) frei zugänglich im Internet verfügbar sind.

Wie bei der DBLP, sind bei Citeseer^X die Daten freigegeben (hier mit einer Creative-Commons-Lizenz) und können nachgenutzt werden. Darüber hinaus ist auch die zugrunde liegende Suchmaschinen-Software Open Source, sodass sich bereits Ableger wie RefSeer zur Suche nach ähnlichen Artikeln gebildet haben. Sie sehen: hier wurde der Open-Access-Gedanke (mehr dazu auf S. 77) durchgängig umgesetzt.

4.4 BASE

Die wissenschaftliche Suchmaschine BASE (Bielefeld Academic Search Engine) hat ihren Schwerpunkt ebenfalls bei der Suche nach *Open-Access*-Publikationen, etwa 70 Prozent der 40 Millionen indexierten Dokumente sind frei im Netz zugänglich. Durchsucht werden viele Dokumentenserver von Universitäten, aber auch Preprint-Server wie arXiv und RePEc (vgl. Kapitel 10), Zeitschriftenarchive wie HighWire und DigiZeitschriften und vieles mehr.

Dokumentenserver

Einen Dokumentenserver, auch institutionelles Repositorium genannt, hat inzwischen fast jede wissenschaftliche Einrichtung, um Dissertationen und andere Forschungsarbeiten, Schriftenreihen und vieles mehr einfach und strukturiert im Netz zugänglich zu machen. Aufgrund der Vielzahl können Sie diese keinesfalls einzeln durchsuchen – außer in Sonderfällen, wie der Suche nach Abschlussarbeiten Ihrer Hochschule auf deren Dokumentenserver oder wenn Sie gezielt bestimmte Bild- oder Forschungsdatenkollektionen durchsuchen möchten. Suchmaschinen wie BASE oder OAIster eignen sich sehr gut für die Metasuche über Repositorien.

Anders als bei Google Scholar oder Citeseer[X] existiert bei BASE eine Liste der durchsuchten Quellen. Da BASE von der Universitätsbibliothek Bielefeld entwickelt wird, finden sich insbesondere viele deutsche und europäische Quellen. BASE eignet sich somit sehr gut um Dissertationen und andere Hochschulschriften aus dem europäischen Raum zu finden. Die in Abbildung 23 gezeigte niederländische Masterarbeit ist beispielsweise über Google Scholar nicht zu finden.

2. Investigate how in-car augmented reality can improve or influence the traffic flow and safety in the Dutch traffic.

Titel:	Investigate how in-car **augmented reality** can improve or influence the traffic flow and safety in the Dutch traffic.
Autor:	Spiekermann, P.T.F.
Schlagwörter:	**augmented reality** ; traffic ; visual **augmented reality** ; in-car **augmented reality**
DDC:	000 Informatik, Informationswissenschaft, allgemeine Werke *(computed)*
Inhalt:	The project described in this thesis is named "Investigate how in-car **augmented reality** can improve or influence the traffic flow and safety in the Dutch traffic". It strives to research whether visual in-car **augmented reality** can be beneficial for the traffic flow and safety in the Dutch traffic, and thus Rijkswaterstaat. Visual **augmented** reali... ⊞ Alles anzeigen
Mitwirkende:	Verlinden, J.C. ; Van Heur, R.J.H.G.
Erscheinungsjahr:	2011-07-07
Dokumentart:	masterThesis
Sprache:	en
Rechte:	(c) 2011 Spiekermann, P.T.F.
URL:	http://resolver.tudelft.nl/uuid:7b935950-9f75-4c32-b9de-1dc77300fdf7
Datenlieferant:	TU Delft: Institutional Repository

In Google Scholar suchen ☑ Als E-Mail versenden 🗔 Exportieren ▾
DDC Korrekturvorschlag ⊚ Zu den Favoriten

Abb. 23: Trefferanzeige in BASE

Metadaten

Auch wenn BASE eine Suchmaschine ist: Indexiert werden lediglich die *Metadaten*, einschließlich der Abstracts. Eine Volltextsuche ist damit in BASE nicht möglich. Durch die gut strukturierten Daten sind

aber thematische Suchen sehr gut möglich und werden durch Schlagwörter und die DCC-Klassifikation unterstützt, die allerdings nicht bei
allen Datensätzen vorhanden sind.

Die *Suchmöglichkeiten* in BASE sind für eine Suchmaschine unge-
wöhnlich umfangreich und lassen ein Nutzungsgefühl wie bei einer
kostenpflichtigen bibliographischen Datenbank aufkommen. Hervorzuheben sind die gut strukturierten Metadaten, die Filtermöglichkeiten und die Integration des EuroVoc-Thesaurus, der Ihnen eine multi-
linguale Suche erlaubt. Vielfältige Exportmöglichkeiten, RSS-Feeds für
Suchanfragen und ein Browsingeinstieg ergänzen das Angebot.

Mit OAIster und ScientificCommons gibt es zwei weitere wissenschaftliche Suchmaschinen mit einer ähnlichen Ausrichtung wie
BASE. Die Daten von OAIster werden vom WorldCAT automatisch mit
durchsucht, sie sind aber auch separat durchsuchbar.

Suchoberfläche

4.5 Weitere wissenschaftliche Suchmaschinen

Direkte Konkurrenzprodukte von Google Scholar sind *Microsoft Academic Search* und *Scirus* als universelle wissenschaftliche Suchmaschinen ohne fachlichen Fokus.

Microsoft Academic Search

Microsofts Produkt hebt sich von Google unter anderem durch die
deutlich differenzierteren Suchfunktionen und eine thematische Filtermöglichkeit der Trefferliste ab. Auch gibt es für jeden Artikel eine
Vollanzeige, die neben den bibliographischen Daten und dem Literaturverzeichnis auch die Artikel auflistet, die den aufgerufenen Artikel
zitieren. Vom Umfang allerdings bleibt die Academic Search deutlich
hinter der Konkurrenz von Google zurück. Dafür wird in der Hilfe de-
tailliert aufgelistet, welche Quellen indexiert sind, wenn auch unklar
bleibt, in welchem Umfang. Darunter sind mit DBLP, arXiv, Citeseer[X]
und IEEE Xplore zentrale Quellen für die Informatik.

Das Netzwerk der Wissenschaften wird durch Visualisierungen
von Publikationstrends darzustellen versucht. Auf Überblicksseiten zu
Fachgebieten werden wichtige Autoren, Zeitschriften und Konferenzen
identifiziert. Bei einer Suche nach einem Autor zeigt die Suchmaschine
Zitationsdaten, Koautoren und andere Informationen über den Autor
an, wahlweise auch als grafische Netzwerke. Diese Vielzahl an Daten
und Vernetzungen lädt zum Stöbern und Entdecken ein.

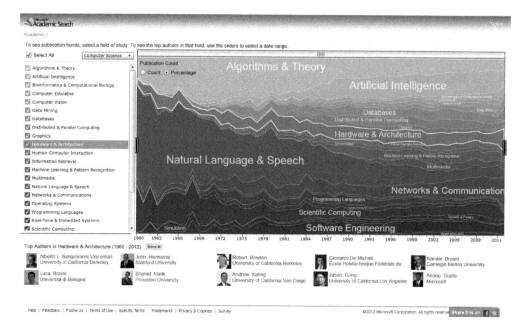

Abb. 24: „Domain Trends" bei Microsofts Academic Search

Der Dienst ist seit 2009 online, aber noch im Beta-Stadium, was man gelegentlich durch langsame Antwortzeiten oder Ausfälle zu spüren bekommt.

Scirus

Scirus ist ein Angebot des Verlags Elsevier, der auch Scopus produziert. Die Suchmaschine enthält weit über 500 Millionen Einträge und durchsucht breit Homepages von Wissenschaftlern und Universitäten sowie andere relevante Webseiten. Bei Verlagspublikationen liegt der Fokus naturgemäß auf den bei Elsevier selbst erschienenen Zeitschriften, die vollständig verzeichnet sind. Publikationen einiger anderer Verlage findet man zwar ebenfalls, beispielsweise Springer, Wiley und SIAM, aber die für die Informatik wichtigen Veröffentlichungen der ACM und von IEEE fehlen komplett. Dafür werden Preprints und Online-Dissertationen recht umfassend gefunden. Eine genauere Beschreibung des Inhalts – und das unterscheidet Scirus wie Microsoft von Google – finden Sie in der Hilfe.

Die erweiterte Suche von Scirus bietet diverse Suchfelder, Trunkierungen und die Möglichkeit auf bestimmte Quellen einzuschränken. Dies ist außerdem – wenn auch gröber – als Filter in der Trefferliste möglich. Eine Vollanzeige der Titel gibt es nicht, Zitationsdaten sind ebenfalls nicht verfügbar. Wie bei Google Scholar können Sie in den Einstellung Ihre Bibliothek auswählen und sich durch den Linkresolver SFX den Zugang zum Volltext erleichtern.

Ob Google, Microsoft oder Scirus geeigneter für Sie ist, kommt in erster Linie darauf an, was Sie finden wollen. Sollen es nur wissenschaftliche Veröffentlichungen und Preprints sein, haben Sie bei Google Scholar eventuell unnötigen Ballast durch Bücher oder Webpages, den Sie bei Scirus einfach ausfiltern können. Zitationsdaten sind bei Scirus nicht verfügbar, Microsofts Academic Search wiederum findet kaum Dissertationen, bietet aber die beste Suchoberfläche. Es gilt wie fast überall: Im Zweifel probieren Sie gerade zu Beginn lieber ein Suchinstrument mehr aus, Sie werden Ihren Liebling sicher finden und für spezielle Aufgaben auch andere zu Rate ziehen.

Wissenschaftliche Suchmaschinen sind für Volltextsuchen und zum Auffinden von im Netz verstreuten, frei zugänglichen Parallelpublikationen eine gute Ergänzung zu Aufsatzdatenbanken und Fachbibliographien. Sie können diese aber nicht ersetzen, da differenzierte thematische Suchen nur schwer durchzuführen sind.

Wolfram Alpha

Abschließend sei noch eine ganz besondere Suchmaschine erwähnt: *Wolfram Alpha*, laut eigener Beschreibung eine „Computational Knowledge Engine". Wolfram Research kennen Sie vielleicht als Hersteller des Computer-Algebra-Systems „Mathematica". Mit Wolfram Alpha können Sie nicht nach Webseiten oder wissenschaftlichen Artikeln suchen, sondern es ist eine semantische Faktendatenbank kombiniert mit diversen Visualisierungen und algorithmischen Tools. Wolfram Alpha kann Integrale berechnen, die Bewegungen des Lese- und Schreibkopfes einer Turing-Maschine anzeigen oder Ihnen auf den Tag genau sagen, wie alt Alan Turing wurde. Spielerei oder die Zukunft? Probieren Sie es aus!

5 Tipps und Tricks

Die wichtigsten Basics der Recherche haben Sie nun kennengelernt – grundlegende Suchtechniken und einige wichtige Suchinstrumente, mit denen Sie die meisten Recherchen erfolgreich umsetzen können. Bevor wir uns im zweiten Teil mit weiteren Suchinstrumenten beschäftigen, erhalten Sie in diesem Kapitel noch ein paar Tipps und Methoden, mit denen Sie die Durchführung einer Recherche perfektionieren können und die Ihnen die Suche in vielen Fällen erleichtern werden.

5.1 Zu viele oder zu wenige Treffer – wie gut ist Ihre Trefferliste?

Jeder kennt das Problem: Die Trefferliste umfasst Tausende von Treffern, die unmöglich alle zu sichten sind. Oder umgekehrt: Ihre Suche liefert keine oder nur wenige Treffer. Was tun?

Bewertung von Trefferlisten

Zur Beurteilung von Trefferlisten gibt es in der Informationswissenschaft einige Kriterien, die auch Ihnen helfen, die Güte Ihrer Trefferlisten zu analysieren.
Relevanz. Passt ein Treffer zu Ihrem Informationsbedürfnis? Treffer über die Insel Java sind nicht relevant, wenn Sie sich für die Programmiersprache interessieren, obwohl Sie formal zu Ihrer Suchabfrage *Java* passen.
Die Relevanz kann letztlich nur intellektuell beurteilt werden.
Genauigkeit. Der Anteil an relevanten Treffern in Ihrer Trefferliste.
Fall-Out. Der Anteil an nicht-relevanten Treffern in Ihrer Trefferliste.
Vollständigkeit oder Recall. Der Anteil an relevanten Treffern in Ihrer Trefferliste, gemessen an den relevanten Treffern in der Datenbank. Die Vollständigkeit können Sie normalerweise nicht messen, denn Sie wissen nicht, wie viele relevante Treffer die Datenbank enthält. Sie sollten sich trotzdem beim Sichten einer Trefferliste Gedanken um die Vollständigkeit machen. Erhalten Sie genug relevante Treffer? Müsste mehr zu diesem Thema veröffentlicht worden sein? Fehlen relevante Treffer, die Sie bereits kennen?

Zunächst sollten Sie beurteilen, ob Sie die *richtigen* – das heißt *relevante* – Treffer erhalten haben. Wichtiger als der Umfang der Trefferliste ist, dass diese vollständig und der Fall-Out nicht zu hoch ist. So wird Ihnen die Sichtung nicht unnötig erschwert. Perfekt werden Sie das selten schaffen. Um alle relevanten Daten zu finden, müssen Sie Ihre Suchabfrage verbreitern – das erhöht aber zumeist gleichzeitig den Fall-Out. Wenn Sie dagegen allen Fall-Out eliminieren, so entgeht Ihnen wahrscheinlich auch Relevantes. Hier ist eine pragmatische Zwischenlösung angebracht, zumal Sie „Ihre" Treffer aus mehreren Suchabfragen zusammensammeln können.

zu wenig gefunden

Wenn Sie *zu wenige Treffer* erhalten, sollten Sie zunächst Ihre Suchbegriffe überprüfen. Haben Sie sich vertippt? Haben Sie die richtigen Felder verwendet? Sind Trunkierungen sinnvoll? Haben Sie alle Synonyme und verwandten Begriffe Ihrer Aspekte berücksichtigt? Werfen Sie gerade zu Beginn einer Recherche einen Blick auf relevante Treffer und in die Indizes, um weitere geeignete Suchbegriffe zu finden.

Überlegen Sie sich darüber hinaus, ob Sie vielleicht thematisch zu eng gesucht haben. Vielleicht gibt es relevante Dokumente, die aber ein breiteres Themenspektrum abdecken? In diesem Fall sollten Sie entweder eine *Volltextsuche* oder *Oberbegriffe* Ihrer Suchbegriffe verwenden. Gerade wenn Sie nach Büchern oder Übersichtsartikeln suchen, brauchen Sie breitere Suchbegriffe.

Schließlich besteht die Möglichkeit einen *Aspekt* Ihres Themas ganz *wegzulassen*. Dann erhalten Sie zwar Treffer, die nicht genau zu Ihrem Thema passen, aber trotzdem relevant sein können. Suchen Sie nach „Open Innovation in der Softwareindustrie" lohnt es sich beispielsweise, nur nach „Open Innovation" zu recherchieren, um Grundlagenartikel zu finden oder Umsetzungen des Konzept in anderen Branchen, die sich auf die Softwarebranche ebenfalls anwenden lassen.

Haben Sie trotz aller Bemühungen immer noch zu wenige Treffer erhalten, sollten Sie in Betracht ziehen, das *Suchinstrument* zu *wechseln*. Ein Indikator hierfür können Ihnen bekannte, relevante Dokumente sein, die – obwohl auf Ihre Suchabfrage zutreffend – nicht gefunden werden, also nicht in der Datenbank enthalten sind. Dies ist ein Hinweis darauf, dass das Suchinstrument Ihr Thema nicht umfassend genug abdeckt. Bedenken Sie dabei aber, dass kein Suchinstrument alle für Sie relevanten Dokumente enthalten wird.

Durch Suchmaschinen wie Google haben wir uns an *zu viele Treffer* bereits gewöhnt. Häufig ist das dort nicht problematisch: Funktioniert die Relevanzsortierung, finden Sie oft genug einen passenden Treffer ganz oben. Gerade bei bibliographischen Datenbanken und Bibliothekskatalogen ist die Relevanzsortierung schwieriger, da diese ohne Volltext mit einer weniger umfangreichen Datengrundlage arbeiten als die meisten Suchmaschinen. Bei einer Literaturrecherche mit dem Anspruch auf Vollständigkeit sollten Sie sich auf die Sortierung nie verlassen – auch weit hinten in der Trefferliste kann sich noch Relevantes verstecken. Optimal ist eine Trefferliste, bei der Sie jeden Treffer kurz sichten können, um ihn auf Relevanz zu überprüfen. Dazu reicht es oft schon den Titel oder den Abstract zu überfliegen.

zu viel gefunden

Haben Sie eine Trefferliste mit viel Fall-Out erhalten, sollten Sie daher versuchen, diesen zu eliminieren. Sie erleichtern sich damit die Durchsicht der Treffer enorm. Tendenziell ist der Fall-Out bei fachübergreifenden Suchinstrumenten wie Scopus oder den wissenschaftlichen Suchmaschinen höher. Begriffe wie Python oder Abkürzungen wie RSA sind innerhalb der Informatik eindeutig, haben aber außerhalb andere Bedeutungen. Mit einer *Schlagwortsuche* können Sie zumindest mit solchen Homonymen umgehen, aber nicht

zuviel Fall-Out

immer ist ein kontrolliertes Vokabular verfügbar. Gerade Stichwort- oder Volltextsuchen sind naturgemäß anfällig dafür, große Trefferlisten auszugeben.

Am einfachsten ist es, wenn es möglich ist, die Trefferliste *thematisch* zu *filtern*. Schränken Sie auf passenden Themen, Schlagwörter oder Klassen ein oder schließen Sie unpassende aus. Ein relativ grober Filter ist hier oft besser. Für die Suche nach Python oder RSA genügt wahrscheinlich schon eine Einschränkung auf „Informatik".

Gibt es keine Filter, können Sie versuchen dasselbe durch Neuformulierung Ihrer Suchanfrage zu erreichen. Auch hier sollten Sie passende Felder nutzen – gut eignet sich eine Klassifikation (vgl. Abschnitt 5.2). Sie können auch Begriffe mit NOT ausschließen: *Java NOT Indonesien* wird eine Trefferliste um einen Teil der Treffer zur Insel Java bereinigen.

Seien Sie beim Ausschluss etwas vorsichtig, da Sie leicht relevante Treffer ausschließen – *Java NOT Insel* schließt das bekannte Lehrbuch von Ullenboom aus. Gerade bei einer Volltextsuche treten solche Fälle fast immer auf. Sinnvoll ist es, Fachwörter aus anderen Disziplinen auszuschließen, bei denen Sie sich relativ sicher sein können, dass sie in relevanten Treffern nicht auftreten: *virus NOT HIV*.

wenig Fall-Out

Haben Sie eine zu umfangreiche Trefferliste erhalten, aber nur wenig Fall-Out, können Sie versuchen diese nach *formalen Kriterien* einzugrenzen. Filtern Sie Sprachen aus, die Sie nicht sprechen, filtern Sie Dokumenttypen aus, die für Sie nicht relevant sind, oder schränken Sie sich auf Treffer aus den letzten Jahren ein. Nutzen Sie Sortierungen der Trefferliste nach Zitationszahlen oder Relevanz, um wichtigere Dokumente nach oben zu bringen. Außerdem können Sie natürlich versuchen, mit *präziseren Begriffen* zu suchen oder Ihr Thema zunächst auf einen *Teilaspekt* einschränken.

Stellen Sie trotz aller Bemühungen fest, dass es zu Ihrem Thema viel zu viel oder viel zu wenig Literatur gibt, kann es sinnvoll sein, Ihr Thema enger oder weiter zu fassen.

5.2 Suche mit Hilfe einer Klassifikation

In Abschnitt 1.3 haben wir die Vorteile einer Suche mit Schlagwörtern bereits angesprochen. Einen ähnlichen Einstieg in die Suche bieten *Klassifikationen*. Diese Systematiken untergliedern die einzelnen Wissenschaftsgebiete hierarchisch in einer Baumstruktur. Die Klassen werden durch (alpha-)numerische Kürzel bezeichnet, wie ST 230 oder 004.35, die auf den ersten Blick kryptisch wirken können. Neben Klassifikation bzw. Klasse finden Sie auch die Bezeichnungen *Systematik, Systemstelle* oder *Notation*.

Systematische Aufstellung

Wenn Ihre Hochschulbibliothek keine Magazinbibliothek ist, sondern die Bücher frei zugänglich aufgestellt sind, verwendet sie eine Klassifikation, um die Bestände in der Bibliothek systematisch zu ordnen: Alle Bücher zu einem Thema stehen im Regal nebeneinander. Verbreitet in Deutschland sind für diesen Zweck insbesondere die *Regensburger Verbundklassifikation* (RVK) und die *Basisklassifikation*. Die international am weitesten verbreitete Klassifikation ist die *Dewey Decimal Classification* (DDC), die unter anderem von der Deutschen Nationalbibliothek verwendet wird. Ein einheitliches System, wie die GND bei den Schlagwörtern, gibt es bei Klassifikationen in Deutschland leider nicht.

ACM CSS

Neben dem Auffinden und Stöbern am Regal kann eine Klassifikation auch bei der Recherche hilfreich sein. Sie finden Klassifikationen daher in einigen bibliographischen Datenbanken, beispielsweise in Inspec. Erwähnenswert ist insbesondere das *Computing Classification System* (CCS) der Association of Computing Machinery (ACM), das nicht nur in der ACM Digital Library (Abschnitt 8.3) verwendet wird, sondern auch darüber hinaus in der Informatik Verbreitung gefunden hat. Die CSS wurde erst kürzlich, 2012, grundlegend überarbeitet – die letzte Version stammte aus dem Jahr 1998 und spiegelte den heutigen Stand der Informatik nur noch unzureichend wider. Die älteren Versionen benutzen wie fast alle Klassifikationen Kürzel: I.2.7 steht beispielsweise für „Natural Language Processing". Die neuste Version verzichtet darauf. Noch haben andere Verlage und Suchinstrumente, die die ACM CCS einsetzen, nicht alle auf das neue System umgestellt, sodass Sie die Kürzel weiterhin häufig sehen werden. Auf der Webseite der ACM können Sie beide Varianten einsehen oder herunterladen.

Durch ihren hierarchischen Aufbau eignet sich eine Klassifikation für einen *Browsing-Einstieg* in eine Recherche. Sie müssen keine Suchbegriffe eingeben, sondern klicken sich durch eine thematische Baumstruktur, bis Sie bei Ihrem Thema angekommen sind. Aber Vorsicht – da viele Klassifikationen eher grob sind, liefert dieses Vorgehen

Browsing

oft unübersichtlich große Treffermengen. Dieser Einstieg ist trotzdem empfehlenswert, wenn Sie sich in ein unbekanntes Thema einarbeiten und noch unsicher in der Wahl der passenden Suchbegriffe sind.

Filtern

Eine Klassifikation ist oft die beste Möglichkeit einer *thematischen Einschränkung*, da die Klassen zumeist weiter gehalten sind als Schlagwörter und so eine Einschränkung auf ein bestimmtes Thema oder ein Fachgebiet erlauben. Suchen Sie beispielsweise nach Anwendungen von Computer Vision in der Medizin, können Sie nach dem Schlag-

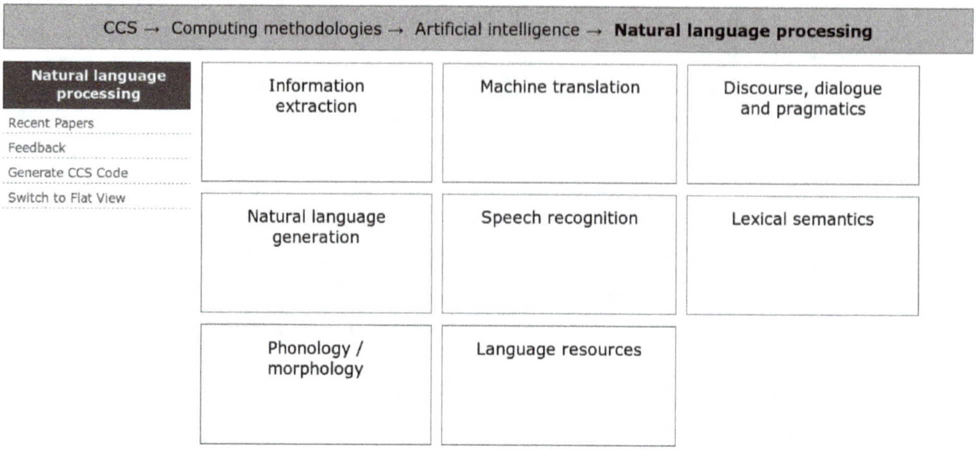

CCS → Computing methodologies → Artificial intelligence → **Natural language processing**		
Natural language processing	Information extraction	Machine translation	Discourse, dialogue and pragmatics
Recent Papers			
Feedback	Natural language generation	Speech recognition	Lexical semantics
Generate CCS Code			
Switch to Flat View			
	Phonology / morphology	Language resources	

Abb. 25: Klasse „Natural Language Processing" mit Unterklassen in der CCS 2012

wort *Maschinelles Sehen* suchen und mit den RVK-Klassen *X* AND Y** verknüpfen, den Notationen für das Fachgebiet Medizin. Mit Hilfe von Schlagwörtern oder Stichwörtern wäre diese Suche sehr schwer zu realisieren, denn viele Treffer werden „Medizin" nicht enthalten, da sie sich mit einem Teilgebiet wie der Neurologie beschäftigen, sodass sich dieser breite Begriff kaum zur Suche eignet. Sie müssten ohne Klassifikation mühsam nach allen möglichen Teilgebieten suchen, um eine solche umfassende Suche abzusetzen.

Hierarchische Suche

Nicht alle Klassifikationssysteme eignen sich dazu eine hierarchische Suche – die Suche nach einer Klasse und aller Unterklassen – wie in diesem Beispiel durch Trunkierung abzubilden. Oft wird diese Möglichkeit aber auf der Suchoberfläche angeboten oder Sie können durch Eingabe einer überschaubaren Anzahl an (trunkierten) Systemstellen dasselbe erreichen.

5.3 Suchhistorie

Suchhistorie

Die *Suchhistorie* speichert alle Suchabfragen, die Sie auf einer Suchoberfläche durchgeführt haben. Mit ihrer Hilfe können Sie die entstandenen Trefferlisten später nochmals aufrufen oder Suchabfragen miteinander kombinieren. Sie erlaubt Ihnen auf diese Weise, Ihre Recherche ohne viel Tipparbeit zu wiederholen und zu verbessern.

Wenn Sie eine Recherche beginnen, hilft Ihnen die Suchhistorie den Überblick darüber zu behalten, welche Suchbegriffe und welche Trunkierungen Sie bereits ausprobiert haben und zu wie vielen Treffern dies jeweils führte. Dies erleichtert Ihnen die *Optimierung* Ihrer Suchabfragen enorm.

Bei manchen Suchinstrumenten können Sie die Abfragen untereinander wieder mit Booleschen Operatoren *kombinieren* – entweder auf Knopfdruck oder durch spezielle Suchabfragen wie *#1 OR #2*.

Recherchestrategie

Sie können das Kombinieren von Suchabfragen nutzen, um die in Abschnitt 1.2 vorgestellte tabellarische Recherchestrategie umzusetzen. Suchen Sie dazu zunächst jeden Suchbegriff *einzeln* wie in Abbildung 26 gezeigt (Suchabfragen # 1–# 5). *Kombinieren* Sie erst in einem zweiten Schritt die Synonyme per OR (Suchabfragen # 6 und # 7) und abschließend die so entstandenen Aspekte per AND (Suchabfrage # 8). Dieses Vorgehen hat gegenüber einer „Bandwurmabfrage“, bei der Sie alle Synonyme und Aspekte in einer Abfrage abrufen, einige Vorteile. *Tippfehler* bei einem Begriff erkennen Sie durch „0 Treffer“ sofort. Bei langen Suchabfragen bemerken Sie dies normalerweise gar nicht, da die meisten Begriffe durch OR mit Synonymen verknüpft sind und die Suchabfrage daher insgesamt trotzdem Treffer liefert. Außerdem können Sie sich beim schrittweisen Vorgehen die Trefferlisten einzeln ansehen, um Ihre Suchbegriffe hinsichtlich Trunkierung und Phrasensuche zu *optimieren*. Sie haben damit im Blick, welches Synonym wie viele Treffer ergeben hat und welches eventuell viel Fall-Out produziert hat.

Speichern

In eine sorgfältig aufgebauten Suche haben Sie einige Zeit investiert, die sich durch eine gute Trefferliste bezahlt macht. Wenn Sie die Möglichkeit haben, sich die Suchhistorie in der Datenbank *abzuspei-*

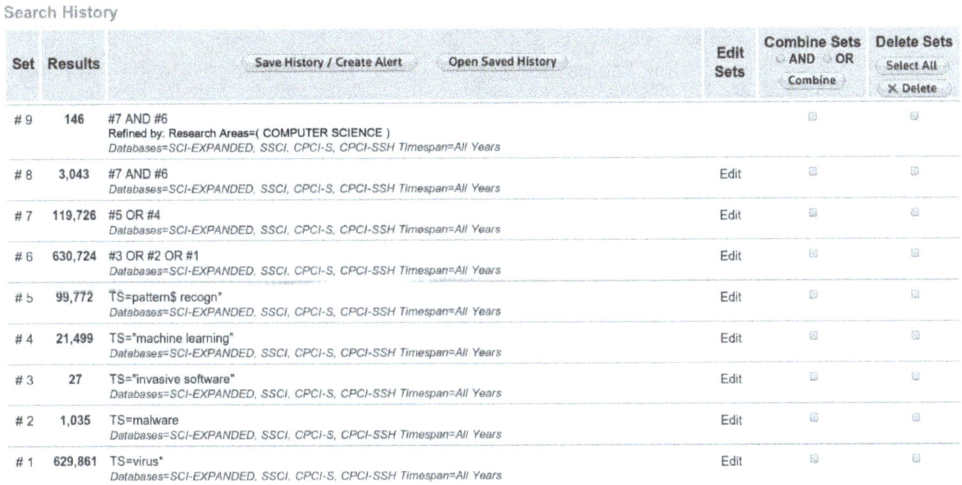
Search History

Set	Results	Save History / Create Alert · Open Saved History	Edit Sets	Combine Sets (AND / OR, Combine)	Delete Sets (Select All, X Delete)
# 9	146	#7 AND #6 Refined by: Research Areas=(COMPUTER SCIENCE) *Databases=SCI-EXPANDED, SSCI, CPCI-S, CPCI-SSH Timespan=All Years*			
# 8	3,043	#7 AND #6 *Databases=SCI-EXPANDED, SSCI, CPCI-S, CPCI-SSH Timespan=All Years*	Edit		
# 7	119,726	#5 OR #4 *Databases=SCI-EXPANDED, SSCI, CPCI-S, CPCI-SSH Timespan=All Years*	Edit		
# 6	630,724	#3 OR #2 OR #1 *Databases=SCI-EXPANDED, SSCI, CPCI-S, CPCI-SSH Timespan=All Years*	Edit		
# 5	99,772	TS=pattern$ recogn* *Databases=SCI-EXPANDED, SSCI, CPCI-S, CPCI-SSH Timespan=All Years*	Edit		
# 4	21,499	TS="machine learning" *Databases=SCI-EXPANDED, SSCI, CPCI-S, CPCI-SSH Timespan=All Years*	Edit		
# 3	27	TS="invasive software" *Databases=SCI-EXPANDED, SSCI, CPCI-S, CPCI-SSH Timespan=All Years*	Edit		
# 2	1,035	TS=malware *Databases=SCI-EXPANDED, SSCI, CPCI-S, CPCI-SSH Timespan=All Years*	Edit		
# 1	629,861	TS=virus* *Databases=SCI-EXPANDED, SSCI, CPCI-S, CPCI-SSH Timespan=All Years*	Edit		

Abb. 26: Suchhistorie in Web of Science

chern, sollten Sie das unbedingt machen, um bei späteren Recherchen Zeit zu sparen. Weiteres hierzu finden Sie im Abschnitt 17.2, wo wir uns mit dem Export von Suchergebnissen beschäftigen.

5.4 Schneeballstrategie

Sie wissen bereits: Recherchieren ist ein iterativer Prozess. Sie lernen nun eine Methode kennen, die das sehr greifbar macht. Stellen Sie sich vor, Sie haben eine „Perle" gefunden – ein Buch oder einen Artikel, der genau zu Ihrem Thema passt. Dann können Sie gezielt versuchen, ähnliche und hoffentlich ebenso hilfreiche Dokumente zu finden. Sie nutzen ihn bildlich gesprochen als Keimzelle für einen Schneeball, den Sie immer größer und größer rollen können.

Literaturverzeichnis

Eine naheliegende Quelle bieten *Literaturverzeichnisse*. Auf diesen Büchern oder Artikeln baut Ihre Perle auf, der Text lenkt Sie oft geradezu zwangsläufig dorthin. Viele Rechercheinstrumente erlauben Literaturverzeichnisse komfortabler und systematischer zu nutzen, indem sie diese in der Vollansicht anzeigen und die entsprechenden Datensätze verknüpfen. Sie können gleich bei der Recherche für Sie passende Dokumente aus dem Literaturverzeichnis filtern, anstatt dies erst bei der Lektüre zu machen.

Zitationsdaten

Allerdings finden Sie so nur ältere Dokumente als das vorliegende, keine neueren. Diese Lücke schließen *Zitationsdatenbanken*, von denen wir mit Web of Science, Scopus, Google Scholar und Citeseer[X] schon einige kennengelernt haben. Sie erlauben Ihnen, Dokumente zu finden, in denen Ihr Buch oder Artikel zitiert wird, also neuere Arbeiten, die darauf aufbauen. Es ist sinnvoll, dass Sie wichtige Artikel zu Ihrem Thema in einer oder mehreren Zitationsdatenbanken aufrufen und sich so zu neueren Forschungsergebnissen führen lassen. Sie vermeiden damit auch, einen eventuell schon veralteten Stand der Forschung zu zitieren.

Ähnliche Dokumente

Viele Suchinstrumente bieten eine *Ähnlichkeitssuche* an, die eine Schneeballstrategie direkt unterstützt. Was „Ähnlichkeit" genau bedeutet, unterscheidet sich dabei von Suchoberfläche zu Suchoberfläche. Mal ist es die Ähnlichkeit der Literaturverzeichnisse, mal sind es ähnliche Begriffe in Titel und Abstract oder eine Vielzahl von anderen Kriterien. Wenn Sie eine solche Funktion entdecken, sollten Sie sie auf jeden Fall einige Male testen, ob sie für Sie brauchbare Ergebnisse liefert.

Neue Suchbegriffe

Unabhängig von der Möglichkeit aus einzelnen Treffern mit den erwähnten Methoden neue Treffer zu generieren, sollten Sie solche

Perlen auch nutzen, um Ihre Suchstrategie zu verbessern und zu
verfeinern. Notieren Sie sich Schlagwörter, Systemstellen und passende Stichwörter bei guten Treffern und bauen Sie diese in Ihre
Suchstrategie ein.

Als Keim für eine Schneeball-Recherche kann Ihnen die *Literaturliste* dienen, die Sie
von Ihrem Betreuer meist erhalten. Gut geeignet sind auch sogenannte *Surveys*, die
speziell für den Einstieg in ein Thema geschrieben wurden und oft umfangreiche
Literaturhinweise enthalten. Die Zeitschrift ACM Computing Surveys ist hierfür eine
Fundgrube!

Neben der Schneeballstrategie mit einzelnen Artikeln oder Dokumenten, sollten Sie außerdem *wichtige Autoren, Konferenzen* oder
Zeitschriften für Ihr Thema identifizieren. Mit einer formalen Recherche nach diesen (Sie erinnern sich: die DBLP ist hierfür sehr gut
geeignet), können Sie ebenfalls oft weitere für Ihr Thema wichtige
Literatur finden.

Advanced

Das wichtigste Handwerkszeug für die Durchführung von qualifizierten Recherchen haben Sie im ersten Teil erhalten: Sie wissen nun, wie man eine Recherche plant und durchführt und kennen grundlegende Suchinstrumente wie den Bibliothekskatalog, bibliographische Datenbanken und Suchmaschinen. In diesem Teil behandeln wir weitere Suchinstrumente und beschäftigen uns außerdem mit der Recherche nach bestimmten Dokumenttypen wie Dissertationen oder Normen, sodass Sie auch für anspruchsvolle Recherchen gewappnet sind.

Damit Sie einschätzen können, welchen Stellenwert bestimmte Dokumenttypen speziell in der Informatik haben, starten wir mit einem kurzen Überblick darüber, wie Forschungsergebnisse in der Informatik veröffentlicht werden.

6 Publikationskultur in der Informatik

Zeitschriftenartikel

Neueste Forschungsergebnisse werden in den STM-Fächern (Science, Technology, Medicine) in Form von *Zeitschriftenartikeln* veröffentlicht. Zeitschriften akzeptieren Artikel, neudeutsch „Paper" genannt, erst nach dem sogenannten *Peer-Review* (vgl. Abschnitt 17.1): Andere Wissenschaftler lesen und beurteilen die Arbeit und schlagen den Herausgebern die Annahme oder Ablehnung vor. Die Ablehnungsquoten bei renommierten Zeitschriften sind oft sehr hoch. Da Wissenschaftler versuchen ihr Paper in einer Zeitschrift möglichst hoher Reputation zu veröffentlichen, sind Ablehnungen häufig und die Arbeit muss bei einer anderen, eventuell weniger renommierten Zeitschrift noch einmal eingereicht werden. Ein gleichzeitiges Einreichen bei mehreren ist nicht zulässig. Der Prozess des Einreichens, Beurteilens und Druckens bei einer Zeitschrift dauert zwischen einigen Wochen und mehreren Monaten, manchmal mehr als ein Jahr – und das gegebenenfalls mehrfach!

Konferenzbeiträge

In der Informatik haben daher *Konferenzbeiträge* eine besondere Stellung: Sie sind einem den Zeitschriften vergleichbaren Peer-Review unterworfen – die Annahmequote bei bedeutenden Konferenzen kann unter 20 Prozent liegen – aber die Zeit bis zur Veröffentlichung im Tagungsband ist meist deutlich kürzer als bei Zeitschriften. Für eine junge und sich schnell weiterentwickelnde Disziplin wie die Informatik ein entscheidender Vorteil! Eine Veröffentlichung bei einer angesehenen Konferenz hat daher – anders als in manch anderer Disziplin –

eine ähnlich hohe Reputation wie in einer erstklassigen Zeitschrift. In einigen Fällen werden Konferenzartikel später zusätzlich in einer längeren Version in einer Zeitschrift veröffentlicht.

Zwar hängt das Verhältnis des Publikationsaufkommens von Zeitschriften- und Konferenzartikeln von der Teildisziplin ab, aber generell lässt sich sagen, dass Sie bei einer Recherche immer beachten müssen, auch Konferenzbeiträge mit abzudecken. Achten Sie bei der Datenbankauswahl (vgl. nächstes Kapitel) darauf.

Die Beiträge einer Tagung erscheinen parallel zur Veranstaltung oder später als Buch mit ausgearbeiteten Artikeln, die sich kaum von Zeitschriftenartikeln unterscheiden. Ausnahme sind die prestigeträchtigen „invited talks", von denen oft nur ein Abstract enthalten ist. Veröffentlicht werden Konferenzbände, auf Englisch *Proceedings* genannt, entweder vom Veranstalter (z. B. von der ACM, IEEE oder der Gesellschaft für Informatik) oder von einem wissenschaftlichen Verlag – oft im Rahmen von Buchreihen. Die bedeutendste dieser Reihen dürften die bei Springer erscheinenden „Lecture Notes in Computer Science" sein. Anders als der Reihentitel vermuten lässt, ist der allergrößte Teil der jährlich weit über 500 erscheinenden Bücher Konferenzbände.

Bei vielen Konferenzen werden *Workshops* zu einem oder mehreren Themen abgehalten. Die daraus resultierenden Beiträge sind in der Tendenz weniger ausgereift, dafür aber aktueller und innovativer. Noch wechselhafter ist die Qualität bei *Technical Reports*. Diese Schriftenreihen werden von vielen Instituten herausgegeben und enthalten Papers, die keinen Review-Prozess durchlaufen haben. Es kann sich dabei um Abschlussberichte zu Projekten, abgelehnte Artikel, Dissertationen oder Preprints – also Artikel, die noch nicht in einer Zeitschrift oder bei einer Konferenz erschienen sind – handeln. Dies können interessante Quellen sein, insbesondere wenn Sie ganz aktuelle Ergebnisse benötigen. Sie sind allerdings oft schwieriger zu finden. Wir gehen in Kapitel 10 darauf ein.

Technical Reports

Forschungsliteratur in Form von *Monographien* spielt demgegenüber eher eine Nebenrolle, kann aber gerade in der Einarbeitungsphase höchst hilfreich sein. Sie sollten diese daher bei der Recherche nicht ganz aus den Augen verlieren. Bücher beschreiben ausführlich und im Zusammenhang dargestellt ein Teilgebiet und vermitteln zumeist einen breiteren Kontext als Artikel. Denken Sie immer daran, Ihre Suchbegriffe bei der Suche nach Büchern weiter zu fassen.

Bücher

Die Wissenschaftssprache der Informatik ist Englisch, deutschsprachige Veröffentlichungen werden Sie nur selten benötigen. Am ehesten sind sie noch in der Wirtschaftsinformatik verbreitet.

Einen guten Überblick über die Publikationskultur in der Informatik finden Sie in [Ram09]. Im selben Band, der kostenlos als E-Book zugänglich ist, sind auch zu vielen anderen Disziplinen Beiträge enthalten, die hilfreich sein können, wenn Sie ein interdisziplinäres Thema bearbeiten.

7 Datenbanken

In diesem Buch lernen Sie eine Vielzahl an Suchinstrumenten sowie ihre wichtigsten Funktionen, Vor- und Nachteile kennen. Aufgrund ständig neu entstehender Angebote werden Sie sich immer wieder in weitere Suchinstrumente einarbeiten. Darüber hinaus entsteht diese Notwendigkeit beispielsweise dann, wenn Sie die Hochschule wechseln und sich das Angebot an lizenzierten Datenbanken von Ihrer bisherigen Hochschule unterscheidet oder wenn Sie sich in ein neues Thema auf einem ganz anderen Gebiet einarbeiten. Aber auch wenn Ihre Hochschule neue Datenbanken lizenziert, stehen Sie vor der Frage, ob es sich lohnt diese auszuprobieren.

In diesem Kapitel erhalten Sie einige Kriterien, anhand derer Sie Rechercheinstrumente beurteilen können und Sie lernen DBIS kennen, eine „Datenbank für Datenbanken".

7.1 Datenbanken beurteilen

So wie nicht die *eine* Datenbank für Informatik-Literatur existiert, so gibt es auch nicht die *beste*. Sehr wohl aber gibt es für Ihren Zweck, Ihr Rechercheverhalten und Ihr Thema geeignete und weniger geeignete Suchinstrumente. Doch welche sind das? Wenn Sie sich das Ziel Ihrer Recherche klargemacht haben (vgl. Abschnitt 1.2), können Sie unter anderem die folgenden Kriterien heranziehen, um die inhaltliche Eignung einer Datenbank zu beurteilen.
- **Inhaltliche Abdeckung.** Welche Fachgebiete können Sie finden? Von Suchinstrumenten wie LEABib, die nur eine Teildisziplin der Informatik umfassen (hier: theoretische Informatik mit Schwerpunkt effiziente Algorithmen) bis hin zu Google Scholar oder Scopus, die alle wissenschaftlichen Disziplinen abdecken, findet sich eine breite Palette. Je umfassender ein Suchinstrument ist, desto eher werden Sie mit Fall-Out zu kämpfen haben. Andererseits decken Sie so interdisziplinäre Themen am besten ab.
- **Zeitliche Abdeckung.** Welche Erscheinungsjahre finden Sie in der

Datenbank (*Berichtszeitraum*)? Wie oft werden die Daten ergänzt (*Aktualität*)?

- **Dokumenttypen.** Sind nur Artikel enthalten oder auch Bücher, Dissertationen oder anderes? Werden Konferenzbeiträge abgedeckt?
- **Umfang.** Wie viele Dokumente, Zeitschriften, Konferenzen sind enthalten?

  Seien Sie gerade bei den Angaben zu Konferenzbeiträgen aufmerksam: Von der Anzahl der Artikel über die einzelne Veranstaltung (Eurocrypt 2012) bis hin zu einer komplette Serie (Eurocrypt), finden Sie verschiedenste Bezugsgrößen bei den einzelnen Anbietern. Die Zahlen lassen sich daher oft nur schwer vergleichen.

  Bedenken Sie auch, dass fachübergreifende Datenbanken zwar einen großen Umfang haben können, aber die meisten enthaltenen Dokumente zu anderen Fachgebieten gehören. Hier ist also nur der Anteil an Informatik-Literatur relevant – dieser ist allerdings nicht immer separat ausgewiesen. Manchmal können Sie ihn durch eine Suche mit einer passenden Hauptklasse der Klassifikation ermitteln, beispielsweise in Inspec durch eine Suche nach *C* OR D** („Computers and Control“ bzw. „Information Technology for Business“).

- **Qualität der Metadaten.** Wie umfangreich und einheitlich sind die Metadaten?

  Für den Export in Ihre Literaturverwaltung ist auch wichtig: Sind Vornamen und Zeitschriftennamen möglichst ausgeschrieben? Es ist leichter aus vollständigen Daten später die Abkürzung zu erzeugen, als umgekehrt ausgeschriebene Varianten mühsam zu ergänzen.

- **Erschließung.** Findet eine intellektuelle Erschließung statt, durch Schlagwörter oder mit einer Klassifikation? Sind Abstracts oder Volltexte durchsuchbar?

Welche dieser Kriterien für Sie wichtig sind, richtet sich danach, was Sie finden wollen. In vielen Fällen benötigen Sie beispielsweise keine ältere Literatur, dann spielt die retrospektive Abdeckung für Sie keine Rolle, vielleicht aber die Aktualität der Datenbank.

Nicht nur die Daten, sondern auch die Qualität der Suchoberflächen ist wichtig: Welche Sucheinstiege und welche Filtermöglichkeiten der Trefferlisten gibt es? Ist eine Suchhistorie und eine Verlinkung zum Bestand Ihrer Bibliothek vorhanden? Auf welche Funktionalitäten Sie dabei besonderen Wert legen, ist auch eine Sache des persönlichen Geschmacks und Ihrer Erfahrungen – welche Funktion nutzen Sie gerne, welche Suchoberflächen liegen Ihnen?

Wichtig ist: Probieren Sie aus, scheuen Sie sich nicht, abseits Ihrer üblichen Pfade zu suchen! Die Suchlandschaft ändert sich rasant, sodass sich ein offenes Auge für neue Quellen immer lohnt.

Wenn Sie das erste Mal mit einer Datenbank arbeiten, schauen Sie sich die angebotenen Sucheinstiege, die Sucheinschränkungen, die Trefferliste und die Vollanzeige genau an, damit Sie das Optimale aus Ihrer Suche herausholen können.

Um die Eignung einer Datenbank oder eines anderen Suchinstruments zu überprüfen, bietet sich eine thematische Recherche nach einem Thema an, bei dem Sie die zur Verfügung stehende Literatur schon gut kennen – alternativ auch nach einem Autor, dessen Veröffentlichungsliste Sie kennen, vielleicht nach Ihrem Betreuer. Es fällt Ihnen so am leichtesten, die Güte der Trefferliste und die Vollständigkeit der Datenbank zu beurteilen. Bei einem noch unbekannten Thema können Sie die Vollständigkeit kaum einschätzen und die Beurteilung der Relevanz fällt Ihnen schwerer als auf bekanntem Terrain.

7.2 DBIS – Datenbank-Infosystem

Wie können Sie einen Überblick bekommen, welche Suchinstrumente es für die Literaturrecherche gibt? Dafür gibt es *DBIS*, das Datenbank-Infosystem, das praktisch alle deutschen wissenschaftlichen Bibliotheken verwenden. Entwickelt und betreut wird das System von der Universitätsbibliothek Regensburg, die Daten werden kooperativ gepflegt. Insgesamt sind in DBIS fast 10 000 Datenbanken verzeichnet, etwa 4 000 davon sind im Internet frei zugänglich. Knapp 200 Datenbanken sind fachlich der Informatik zugeordnet. DBIS bietet knappe, aber übersichtliche Beschreibungen an, mit deren Hilfe Sie eine erste Datenbankbewertung bequem durchführen können.

Jede Bibliothek hat ihre eigene Sicht auf DBIS, die im Uninetz automatisch aufgerufen wird. Diese zeigt Ihnen nur die für Sie zugänglichen Datenbanken an, sowohl freie als auch von Ihrer Bibliothek lizenzierte. Außerhalb des Hochschulnetzes finden Sie den Link zu „Ihrem" DBIS auf der Webseite Ihrer Bibliothek oder Sie wählen sie in den Einstellungen von DBIS aus.

Sie können DBIS – statt auf eine einzelne Bibliothek – auf „Gesamtbestand DBIS" einstellen und sich alle Datenbanken, die in DBIS verzeichnet sind, anzeigen lassen. Sie können so feststellen, welche Bibliotheken Zugang zu einer bestimmten Datenbank bieten, um diese gegebenenfalls dort zu nutzen. Wenn Sie beispielsweise in Berlin leben und gerne Scopus nutzen wollen, können Sie in DBIS ermitteln, dass an der HU Berlin eine Lizenz vorhanden ist.

Neben einem Suchschlitz und einer erweiterten Suche bietet DBIS auch nach Fächern sortierte Einstiege. Die dort oben gelisteten „Topdatenbanken" sind speziell von Ihrer Bibliothek aus dem Angebot ausgewählt worden. Werfen Sie aber auch einen Blick auf die restlichen Angebote im Fach Informatik. Interessante Quellen wie Web of Science finden sich zudem unter den „fachübergreifenden Datenbanken".

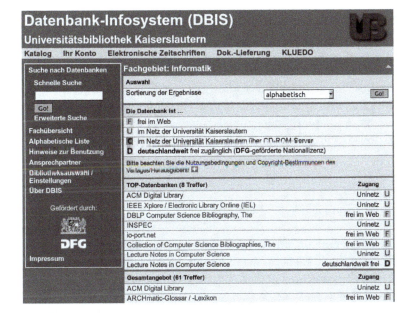

Abb. 27: Facheinstieg Informatik in DBIS am Beispiel der Universitätsbibliothek Kaiserslautern

In DBIS sind nicht nur bibliographische Datenbanken aufgelistet, sondern auch *Faktendatenbanken*, in denen z. B. Firmendaten oder Statistiken verzeichnet sind. Gerade wenn Sie Wirtschaftsinformatik studieren, können Sie dort viele wichtige und zitationsfähige Zahlen finden. Über die erweiterte Suche oder die Sortierung der Fachübersicht nach Datenbanktyp können Sie gezielt nach solchen Spezialdatenbanken suchen.

DBIS bietet Ihnen also einerseits die Möglichkeit neue Suchinstrumente zu entdecken, andererseits dient es als *Zugangsportal* zu lizenzierten Datenbanken. Sie können festzustellen, ob eine bestimmte Datenbank von Ihrer Bibliothek lizenziert ist und wenn ja, finden Sie dort die für Ihre Bibliothek gültigen Zugangslinks. Mit einer Google-Suche nach *Inspec* werden Sie nur schwer Zugang zur eigentlichen Datenbank erhalten, denn weder weiß Google bei welchem Anbieter Ihre

Bibliothek Inspec lizenziert hat, noch weiß es überhaupt, zu welcher Bibliothek Sie gehören. Und selbst wenn Sie beispielsweise nach *Inspec ebsco* suchen, werden Sie oft nur auf der Webseite des Anbieters landen, die die Datenbank beschreibt – nicht in der Datenbank selbst. DBIS fungiert damit als Linksammlung für Datenbanken und als Eingangstor in das Deep Web.

8 Aufsatzdatenbanken und Fachbibliographien reloaded

In den Basics haben Sie mit Web of Science bzw. Scopus, Inspec und der DBLP bereits vier Aufsatzdatenbanken kennengelernt, mit deren Hilfe Sie viele thematische Recherchen in der Informatik gut abdecken können. In diesem Kapitel vervollständigen wir dies durch Suchinstrumente, die Sie ergänzend und für spezielle Fragestellung nutzen können.

8.1 WTI-Datenbanken – TEMA und ZDEE

Tecfinder
ZDEE

TEMA

Das WTI Frankfurt produziert mehrere lizenzpflichtige Datenbanken zu technischen Fächern, die unter der gemeinsamen Suchoberfläche *Tecfinder* recherchierbar sind. Die für die Informatik wichtigste unter den WTI-eigenen Datenbanken ist die *ZDEE* (ZDE Elektrotechnik, Elektronik und Informationstechnik), die Teil der Datenbank Technik und Management (*TEMA*) ist. Die TEMA insgesamt deckt die Ingenieurwissenschaften sowie BWL-Themen ab und umfasst etwa 2,3 Millionen Datensätze, davon etwa eine halbe Million zur Informatik.

Über den Tecfinder können noch weitere Datenbanken lizenziert werden, die nicht vom WTI produziert sind, darunter die für Sie interessanten Inspec, Infodata (eine informationswissenschaftliche Datenbank), DKF (Kraftfahrzeugbau) und die VDI Nachrichten. Vor dem Einstieg können Sie jeweils auswählen, in welchen Datenbanken Sie recherchieren möchten, auch eine parallele Suche in mehreren ist möglich.

Als Fachbibliographie sind in der TEMA nicht nur Zeitschriftenartikel und Konferenzbeiträge, sondern auch weitere Dokumenttypen verzeichnet. Sie finden beispielsweise über *20 000 Dissertationen* aus dem deutschsprachigen Raum zu Themen der Informatik. Auch unter den Artikeln sind deutsche Inhalte in den WTI-Datenbanken besser vertreten als in anderen Suchinstrumenten, die wir bisher betrachtet haben. Dabei indexiert die ZDEE viele *Publikumszeitschriften* aus dem

Bereich der Informationstechnik – wie Chip und c't. Auch Artikel von deutschen (Praktiker-)Konferenzen wie den Linux-Tagen oder Veröffentlichungen von Universitäten wie „Uni Ulm intern" werden in TEMA verzeichnet. Gerade für praxisorientierte Themen können Sie hier sehr gut Passendes finden. Aber auch andere Themen und natürlich englischsprachige wissenschaftliche Artikel aus der Informatik – besonders an der Schnittstelle zu den Ingenieurwissenschaften – werden gut abgedeckt.

Erschlossen wird mit dem *TEMA-Thesaurus*, der deutsch und englisch vorliegt, sowie mit einer Klassifikation („Fachgebiete"). Lassen Sie den Haken „Index einsehen" bei den Suchschlitzen gesetzt, werden Ihnen beim Eintippen von Suchbegriffen Ergänzungsvorschläge mit Trefferanzahl angezeigt. Sehr oft werden das Thesaurusterme sein, da diese als normierte Begriffe besonders häufig in der Datenbank vorkommen.

TEMA-Thesaurus

Abb. 28: Sucheinstieg über den TEMA-Thesaurus

Die Bedienung der Thesaurussuche selbst ist anfangs etwas gewöhnungsbedürftig, bietet aber alle notwendigen Funktionen. Sie navigieren durch den Thesaurus per Suche oder Browsing, sammeln mit dem 📝-Symbol passende Begriffe auf und stoßen schließlich mit dem Button „Begriffsuche" die Suche an. Im rechten Bereich „Ausgewählte Suchhierarchien" schicken Sie eine *hierarchische Suche* ab, d. h. Sie suchen auch nach Unterbegriffen Ihrer gewählten Begriffe – in Abbildung 28 also sowohl nach *Computervirus* als auch *Boot-Virus*, *Computerwurm* usw. Diese beiden Suchtypen lassen sich nur getrennt anstoßen, möchten Sie sie verknüpfen, müssen Sie dies mit der Suchhistorie machen, die Sie unter „Strategiesuche" finden.

Strategiesuche

In der *Strategiesuche* können Sie – anders als in der erweiterten Suche – in allen Felder der Datenbank recherchieren. Damit ist sie die einzige Möglichkeit in eine Suche mit den Fachgebieten einzusteigen, ein Klassifikationsbrowsing gibt es nicht. Dafür sind zwei der wichtigsten Anwendungen einer Klassifikation gut umgesetzt: Die 17 Hauptklassen können beim Absetzen einer Suche als Sucheinschränkungen ausgewählt werden und die Filterung der Trefferliste per Fachgebiete erfolgt über einen übersichtlichen, hierarchischen Einstieg. Die Spalte für die Filter ist zwar etwas schmal geraten, sodass viele Bezeichnungen nur durch Scrollen zu lesen sind, dafür können Sie jede Hierarchieebene auswählen. Leider erlauben die Suchfilter des TecFinders nicht, Begriffe auszuschließen, wie dies unter anderem in Scopus möglich ist.

Klassifikation

Themenbehandlung

Eine Besonderheit ist die Erfassung der *Themenbehandlung*, ähnlich wie in Inspec, die als Sucheinschränkung verfügbar ist. Damit können Sie gezielt nach theoretischen oder anwendungsbezogenen Artikeln suchen.

- A - Anwendungsspezifische Abhandlung
- E - Experimentelle Abhandlung
- G - Grundlegende Abhandlung
- H - Historische Abhandlung
- M - Managementaspekte
- N - Produktnachweis
- T - Theoretische Abhandlung
- U - Überblick
- W - Wirtschaftliche Abhandlung

Abb. 29: Themenbehandlung in TEMA

Zugang zum Volltext

Mit dem Feld „Verfügbarkeit", das die URL durchsucht, können Sie eine Recherche nach Dokumenten mit Link zum Volltext erreichen, indem Sie nach *http* suchen. Mit NOT ist dies ist auch eine Möglichkeit, einen großen Teil der vorher erwähnten Publikumszeitschriften auszufiltern, wenn Sie diese nicht benötigen, da viele davon online nicht verfügbar sind. Aber auch wenn kein Link verzeichnet ist: Der Link-Resolver SFX (vgl. Abschnitt 18.2) ist im TecFinder verfügbar.

Die TEMA ist wegen ihrer ausführlichen Erschließung empfehlenswert. Insbesondere wenn Ihr Thema aus der technischen oder
praktischen Informatik stammt, einen Bezug zu den Ingenieurwissenschaften hat oder deutschsprachige Inhalte für Sie relevant sind, ist
die TEMA eine gute und umfangreiche Quelle.

8.2 Zentralblatt MATH und MathSciNet

Das *Zentralblatt MATH* und sein amerikanisches Pendant, die Mathematical Reviews bzw. deren Online-Version *MathSciNet*, sind lizenzpflichtige *Referateorgane* und *die* klassischen Suchinstrumente für   **Referateorgane**
wissenschaftliche Literatur aus der reinen und angewandten Ma-
thematik. Mit jeweils um die drei Millionen Einträgen finden Sie in
beiden neben Zeitschriftartikeln auch Konferenzbeiträge, Bücher,
Dissertationen und mehr. Bei einem großen Teil der Dokumente sind
Referate verfügbar – Zusammenfassungen, die von unabhängigen
Wissenschaftlern geschrieben wurden. Wo dies nicht der Fall ist, sind
die Abstracts in die Datenbank aufgenommen.

- **Abstract.** Der Abstract oder die Zusammenfassung ist ein kurzer Text von meist
  etwa 10 Zeilen, der einem Artikel vorangestellt ist und vom Autor selbst verfasst wurde. Auch in vielen Suchinstrumenten sind Abstracts miterfasst, da sie
  eine gute Beurteilung der Relevanz erlauben und die Suchergebnisse deutlich
  verbessern.
- **Referat.** In der Länge ähnlich wie ein Abstract ist ein Referat nicht vom Autor, sondern von einem anderen Wissenschaftler verfasst. Ein Referat kann ein
  Beurteilung enthalten, oft fasst es aber nur den Inhalt des Artikels neutral zusammen.
- **Review.** Ein Review variiert in der Länge und dient dazu einen Artikel zu beurteilen. Beim Peer-Review werden diese normalerweise nicht publiziert. Dagegen werden andere Reviews oder Rezensionen – meist von Büchern – veröffentlicht. Die ACM Computing Reviews sind eine Plattform hierfür, für die in
  Deutschland aber keine Lizenzen vorhanden sind.
  Vorsicht: was in der Informatik meist als *Survey* bezeichnet wird, heißt in den
  Naturwissenschaften oft *Review Paper*. Wenn Sie also „Review" als Dokumen-
  tentyp in einer Datenbank finden, ist das meist in diesem Sinne gemeint.

Insbesondere die *theoretische Informatik* ist im Zentralblatt MATH und
MathSciNet gut abgedeckt, für Themen aus diesem Bereich sind die
mathematischen Fachbibliographien wichtige Quellen.

    Beide Datenbanken erschließen die Dokumente mit der *Mathema-*   **MSC**
tics Subject Classification (MSC), enthalten jedoch keinen Thesaurus.
Die MSC ist in der Mathematik mindestens genauso verbreitet wie das

MR2639816 (2012h:52044) Reviewed
Hales, Thomas C.(1-PITT); Harrison, John; McLaughlin, Sean(1-CMU); Nipkow, Tobias(D-MUTU-C); Obua, Steven(D-MUTU-C); Zumkeller, Roland(F-POLY)
A revision of the proof of the Kepler conjecture. (English summary)
Discrete Comput. Geom. 44 (2010), no. 1, 1–34.
52C17 (03B35 05B40 90C05)
PDF | Clipboard | Journal | Article | Make Link

Citations
From References: 1
From Reviews: 0

The Kepler conjecture asserts that no packing of spheres in Euclidean 3-space has density exceeding that of the face-centered cubic lattice packing, which is $\pi/\sqrt{18} = 0.74048\ldots$. In 1998 T. C. Hales announced a proof following an approach suggested by Fejes Tóth. In 2006 Hales and S. P. Ferguson published a long and complex proof [Discrete Comput. Geom. **36** (2006), no. 1, 21–69; MR2229658 (2007d:52022)]. Since the original proof makes use of computer programs, the so-called Flyspeck project was started to give a formal proof of the Kepler conjecture. This article summarizes the current status of this initiative and gives a list of minor errata in the original proof.

Reviewed by Uwe Schnell

Abb. 30: Referat in MathSciNet

ACM CCS in der Informatik, MSC-Klassen finden sich auf vielen mathematischen Artikeln neben oder anstatt „Author Keywords". Eine Filtermöglichkeit der Trefferliste gibt es generell nicht, daher sind die MSC-Klassen nur in der Suche selbst verfügbar. Im Zentralblatt gestaltet sich das etwas komfortabler, da über den Sucheinstieg „Classification" auch die Eingabe der verbalen Beschreibungen möglich ist. In der erweiterten Suche, ebenso wie in MathSciNet, müssen Sie mit den Notationen suchen.

Zitationsdaten

In beiden Fachbibliographien werden bei einem Teil der Einzeltreffer die *Literaturverzeichnisse* angezeigt und mit dem entsprechenden Datensatz – so vorhanden – verlinkt. Dies ermöglicht Zitationsanalysen und Schneeballrecherchen, wobei dies in MathSciNet aufgrund der größeren Basis an Literaturverzeichnissen besser möglich ist. Für Autoren gibt es hier wie dort *Profilseiten*, auf denen Sie Informationen über Koautoren und ihre Publikationen übersichtlich dargestellt finden.

Export

Ein besonderes Plus für Theoretiker: Dank der Integration der Mathematical Markup Language *MathML* bzw. MathJax sind im Gegensatz zu den meisten Suchinstrumenten Formeln korrekt dargestellt. Auch der BibTeX-Export stellt Formeln, Akzente und Umlaute in LaTeX-Notation dar. Die exportierten Metadaten aus dem Zentralblatt sind etwas umfangreicher und enthalten auch das Referat bzw. den Abstract. Links zum Volltext sind bei vielen Datensätzen verzeichnet und auch Link-Resolver Ihrer Hochschule finden Sie in beiden Fachbibliographien. Außerdem ist jeweils eine Suchhistorie vorhanden, die Suchabfragen lassen sich aber weder verknüpfen noch dauerhaft abspeichern.

Das Zentralblatt ist insgesamt umfangreicher, sowohl was den jährlichen Zuwachs, als auch was die retrospektive Abdeckung betrifft. Sucht man nach der MSC *68** („Computer Science"), so erhält man im Zentralblatt weit über 250 000 Treffer, in MathSciNet nur etwas über 100 000.

Welche der beiden Datenbanken sollen Sie nun verwenden, wenn Ihre Bibliothek beide lizenziert hat? Die Suchoberflächen sind von der Funktionalität recht ähnlich – punktet MathSciNet mit der besseren Zitationsrecherche, so bietet das Zentralblatt vielfältigere Sucheinstiege und eine breitere Datenbasis. Eine eindeutige Empfehlung lässt sich nicht aussprechen. Hier gilt besonders, was wir in Abschnitt 7.1 besprochen haben: Ob Zentralblatt MATH oder MathSciNet hängt davon ab, wie Sie suchen wollen und ein Stück weit sicher auch von Ihrem persönlichen Geschmack.

Abdeckung

8.3 Verlagsplattformen – IEEE Xplore und ACM Digital Library

Die großen US-amerikanischen *Fachgesellschaften*, das Institute of Electrical and Electronics Engineers (IEEE) und die Association for Computing Machinery (ACM), treten beide sowohl als Verleger wie als Veranstalter wissenschaftlicher Konferenzen auf. Ihre Zeitschriften und Konferenzen genießen hohes Ansehen und zählen zu den Kerntiteln der Informatik. Die Online-Plattformen *ACM Digital Library* und *IEEE Xplore* sind daher interessante Quellen für Sie.

Generell ist die (thematische) Suche auf Verlagsplattformen weniger empfehlenswert – in welchem Verlag eine Publikation erschienen ist, spielt für die Relevanz eine untergeordnete Rolle und Sie müssten die Plattformen vieler Verlage nacheinander durchsuchen. ScienceDirect (Elsevier), SpringerLink und Co brauchen Sie daher nur in seltenen Fällen für die Recherche, sondern lediglich für den Download von Dokumenten.

Die ACM Digital Library und IEEE Xplore sind aufgrund ihrer zentralen Stellung eine Ausnahme, da Sie hier sehr viele Informatik-Inhalte finden können.

Verlagsplattformen

Vorteilhaft an beiden Plattformen ist, dass Sie Aufsätze *sofort* nach ihrer Veröffentlichung finden können, ohne Verzögerung durch die Indexierung durch einen Datenbankanbieter oder einen Suchmaschinen-Crawler. Wenn Ihre Bibliothek über eine Lizenz verfügt, erhalten Sie *direkten Zugang* zum Volltext, da die PDFs auf derselben Plattform hin-

Volltexte

terlegt sind. Praktisch ist auch die *Volltextsuche*, die Ihnen sonst nur wissenschaftliche Suchmaschinen bieten.

Die Daten beider Plattformen sind zwar zu großen Teilen in anderen Datenbanken wie DBLP oder Web of Science enthalten, zumeist aber nicht komplett. Sie eignen sich daher für eine ergänzende Suche oder zur Volltextsuche. Als ersten Einstieg sollten Sie eher ein verlagsunabhängiges Angebot bevorzugen.

IEEE Xplore

IEEE Xplore umfasst gut drei Millionen Einträge, davon etwa die Hälfte zu informatiknahen Themen. Neben Artikeln sind auch *E-Books* und *IEEE-Normen* (Standards) enthalten sowie Inhalte von wenigen ausgewählten Verlagen bzw. Fachgesellschaften, darunter IET – dem britischen Pendant zur IEEE. Die Ausrichtung von IEEE Xplore geht stärker in Richtung der technischen Informatik, theoretische Informatik finden Sie dort weniger. Die Recherche im kompletten Inhalt ist immer möglich, auch wenn Ihre Bibliothek die Volltexte nur teilweise lizenziert hat. Allerdings sind manche Suchoptionen ohne Lizenz nicht nutzbar.

Artikel sind auf IEEE Xplore verfügbar, sobald sie den Review-Prozess durchlaufen haben. Dies kann deutlich vor dem Erscheinen der gedruckten Version sein. Mit einer Einschränkung des Dokumenttyps auf *Early Access Article* können Sie Ihre Treffer gezielt danach filtern.

Suchoberfläche   Die moderne *Suchoberfläche* bietet vielfältige Sucheinstiege und komfortable Filtermöglichkeiten. Die Suchhistorie ist allerdings nur nutzbar, wenn Sie sich einen Account bei IEEE Xplore anlegen. Achten Sie darauf, dass der Suchschlitz auf der Einstiegsseite lediglich in den Metadaten sucht. Möchten Sie eine *Volltextsuche* anstoßen, müssen Sie das in den „Preferences" einstellen oder die erweiterte Suche verwenden.

Thesaurus   Da IEEE mit IET, dem Produzenten von Inspec, kooperiert, sind bei den Datensätzen, die auch von Inspec indexiert werden, auch in IEEE Xplore die *Schlagwörter* aus Inspec verzeichnet. IEEE erschließt selbst mit einem Thesaurus, den „IEEE Terms", die bei den meisten Datensätzen zu finden sind. Leider gibt es keinen Index. Nutzen Sie daher die Vollanzeige relevanter Treffer, um passende Begriffe zu finden. Mit Hilfe des Suchfeldes „Index Terms" können Sie sowohl Inspec- als auch IEEE-Deskriptoren sowie „Author Keywords" durchsuchen.

Zitationsdaten   Wo *Zitationsdaten* verfügbar sind, werden sie übersichtlich präsentiert und verlinkt. Einträge im Literaturverzeichnis, die nicht auf

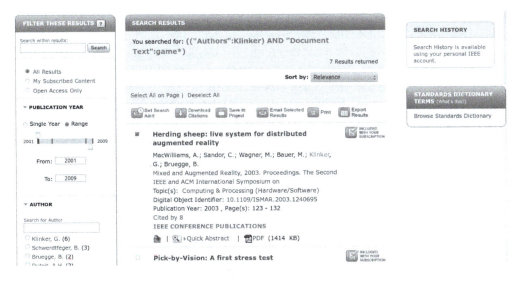

Abb. 31. Trefferliste in IEEE Xplore mit Filtermöglichkeiten

IEEE Xplore verfügbar sind, sind per DOI („Cross-Ref") oder Link-Resolver erreichbar.

Neben IEEE Xplore hat die *IEEE Computer Society* eine eigene Platt-form, auf der deren Publikationen zusätzlich bereitgestellt werden. Je nachdem, welche Lizenz Ihre Bibliothek hat, nutzen Sie die eine oder andere Plattform – auf der jeweils anderen haben Sie keinen Zugang zu den Volltexten!

IEEE Computer Society

Zusammenfassend handelt es sich bei IEEE Xplore um eine kom-fortable und funktionelle Suchoberfläche, die die meisten Suchstrate-gien gut unterstützt. Ihr Hauptnachteil ist der auf einige wenige Verla-ge und Fachgesellschaften beschränkte Inhalt.

ACM Digital Library

Die ACM Digital Library ist mit knapp 400 000 Volltext-Dokumen-ten zwar kleiner als IEEE Xplore, aber inhaltlich für die meisten Teildisziplinen mindestens genauso relevant. Bei den Zeitschriften unterscheidet die ACM zwischen „Magazines", die für ein breiteres Publikum gedacht sind, und den wissenschaftlichen „Journals" oder „Transactions".

Die ACM bietet mit dem *ACM Guide to Computing Literature* au-ßerdem eine Fachbibliographie an, die unter derselben Oberfläche wie die ACM Digital Library durchsucht werden kann. Mit einem Klick kön-

Guide to Computing Literature

nen Sie Ihre Treffer auf die jeweilig andere Datenbank erweitern bzw. einschränken. Mit zwei Millionen Einträgen ist der Guide umfangreich und bietet bei vielen Einträgen Zitationsdaten und CCS-Klassen, aber keine Volltextsuche. Verlinkungen zum Volltext wurden erst in letzter Zeit eingepflegt und sind noch nicht bei allen Einträgen zu finden. In diesen Fällen müssen Sie die Beschaffung separat durchführen, da auch kein Link-Resolver integriert ist.

Suchoberfläche

Die *Suchoberfläche* bietet die wesentlichen Funktionen, ist aber insgesamt nicht auf dem Stand moderner Suchinstrumente. Bei der Trefferliste finden Sie jeweils Reiter mit Informationen zu den wichtigsten „Special Interest Groups", Zeitschriften und Konferenzen zu diesem Thema, die Ihnen helfen weitere relevante Literatur zu finden.

SIG

Die 36 „Special Interest Groups" (SIG) sind Zusammenschlüsse von Wissenschaftlern, die auf dem jeweiligen Gebiet forschen. Alle SIGs haben eigene Webseiten, auf denen Sie gerade zum Einstieg in ein neues Gebiet interessante Informationen finden können.

Autoren und Institutionen haben in der ACM Digital Library jeweils eigene *Profilseiten* (vgl. Abbildung 32), auf denen Sie Publikationen, Zitationsdaten und vieles mehr finden können.

ACM CCS

Eine Erschließung der Dokumente findet über die *ACM CCS* (vgl. Abschnitt 5.2) statt. In der Trefferanzeige finden Sie diese unter „Index Terms" und haben dort auch die Möglichkeit eine Suche anzustoßen. Diese findet allerdings nur die zehn aktuellsten Treffer der ACM Digital Library. Es ist daher besser, die passenden Begriffe vorher in der Klas-

Abb. 32: Autorenseite von Grady Booch in der ACM Digital Library

Abb. 33: Trefferanzeige in der ACM Digital Library

sifikation nachzuschlagen und dann gezielt über die erweiterte Suche einzusteigen. Als Filtermöglichkeit für Trefferlisten ist die CCS leider nicht verfügbar.

Sie können für die Suche nur noch die Klassenbezeichnungen aus der CCS 2012 verwenden, eine Suche mit den Kürzeln aus der CCS 1998 ist nicht mehr möglich.

Literaturverzeichnisse und *Zitationsdaten* sind bei vielen Datensätzen der ACM Digital Library verfügbar, zusätzlich wird die Anzahl der Downloads beim Artikel angegeben. Letzteres kann bei sehr neuen Artikeln, die in der kurzen Zeitspanne seit Erscheinen noch nicht zitiert werden konnten, helfen zu beurteilen, wie stark das Interesse ist, das die Publikation unter den Wissenschaftlern hervorgerufen hat. Da die Downloads für verschiedene Zeiträume angegeben werden, können Sie einschätzen, ob ein älterer Artikel auch in jüngerer Zeit noch von anderen gelesen wurde.

Ein weiteres Angebot der ACM sind die *Computing Reviews* – hier finden Sie Besprechungen, die von Wissenschaftlern verfasst wurden, sowohl von Büchern als auch Aufsätzen.

Zitationsdaten

8.4 Online Contents Mathematik/Informatik

Die *Online Contents (OLC) Mathematik/Informatik* werden von der Technischen Informationsbibliothek Hannover und Staats- und Universitätsbibliothek Göttingen zusammengestellt und sind für alle wissenschaftlichen Einrichtungen in Europa und den USA frei zugänglich. Es handelt sich um eine Auswahl von knapp 1 500 Mathematik- und Informatik-Zeitschriften, deren Artikel seit 1993 verzeichnet und suchbar sind. Abstracts der gut 2,5 Millionen Artikel sind nicht enthalten. Eine weitergehende Erschließung gibt es ebenfalls nicht, sodass eine thematische Suche auf eine Titelstichwortsuche beschränkt ist und daher kaum effektiv durchgeführt werden kann.

Bestandsdaten

Trotzdem bieten die OLC einige Vorteile: Wenn Sie sich über Ihre Bibliothek authentifiziert haben, zeigt die Datenbank Ihnen bei jedem Treffer an, ob sich der Aufsatz im Bestand Ihrer Bibliothek befindet. Die Fernleihe ist ebenfalls direkt verlinkt, ebenso wie eine Bestellung über den Dokumentlieferdienst subito aufgegeben werden kann. Die OLC bieten sich somit weniger als Rechercheinstrument, denn als

Beschaffung

praktisches *Beschaffungsportal* an, das doppelte Recherchen im lokalen OPAC, Verbundkatalog und gegebenenfalls bei subito unnötig macht (vgl. Kapitel 18).

RSS-Feeds

Alle Suchabfragen lassen sich per *RSS* abonnieren, sodass Sie über neue Treffer automatisch informiert werden (vgl. Abschnitt 17.2). Sie können sich – wie Abbildung 34 zeigt – einen Feed für eine ISSN-Suche in den OLC einrichten, um sich über neue Artikel in einer Zeitschrift informieren zu lassen – viele, aber bei weitem nicht alle Verlage bieten dies auch auf ihrer Webseite für ihre Zeitschriften an.

Online Contents gibt es für *viele Fachgebiete*. Eine vollständige Liste finden Sie in DBIS oder über den Link „Datenbankmenü" in jeder

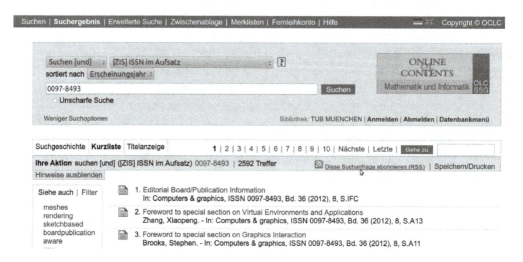

Abb. 34: RSS-Feed für eine Zeitschrift abonnieren via OLC

Fach-OLC. In den gesamten Online Contents über alle Fächer hinweg können Sie nur suchen, wenn Ihre Bibliothek zum GBV gehört oder eine Lizenz erworben hat. In Bayern gibt es mit der *BVB-Aufsatzdatenbank*, in Hessen mit dem *HeBIS-Aufsatzkatalog* ein sehr ähnliches Angebot.

9 Zeitschriften

Die Zeitschriften, die eine Bibliothek abonniert hat, sind im OPAC verzeichnet. Die Suche danach ist dort aber oft umständlich, da gerade Zeitschriften mit unspezifischem Namen (denken Sie an „Nature" oder auch „Chip") nur mit geschicktem Einsatz der Suchmöglichkeiten gefunden werden, ohne in der Flut der Treffer unterzugehen. Hier bieten Zeitschriftenverzeichnisse und -archive durch ihre Spezialisierung wesentlich einfacheren Zugang und ein Mehr an Metadaten.

Möchten Sie im OPAC nach einer bestimmten Zeitschrift suchen, benutzen Sie am besten die ISSN. Wenn Sie diese nicht kennen und mit dem Titel recherchieren müssen, so verwenden Sie – wenn vorhanden – die entsprechende *Sucheinschränkung*, um ausschließlich Zeitschriften zu finden. Auch das Feld „Titelanfang" oder „Exakter Titel" kann sehr hilfreich sein, damit Sie bei einer Suche nach einem Titel wie „Journal of Computer Science" eine übersichtliche Treffermenge erhalten.

Ähnlich den Bibliothekskatalogen sind in *Zeitschriftenverzeichnissen* keine einzelnen Artikel, sondern nur die Titel von Zeitschriften aufgelistet. Sie benötigen sie also nicht für eine thematische Recherche, sondern entweder um sich einen Überblick zu verschaffen, welche Zeitschriften auf Ihrem Gebiet existieren oder für die Dokumentenbeschaffung, wenn Sie die Literaturangaben eines Aufsatzes bereits haben. Die drei wichtigsten – EZB, ZDB und DOAJ – lernen wir in den ersten Abschnitten kennen.

> **Zeitschriften-
> verzeichnis**

In *Zeitschriften-Volltext-Archiven* dagegen finden sich die PDFs der Artikel selbst wieder – sie entstanden wie JSTOR oftmals auf Initiative von Bibliotheken.

> **Zeitschriftenarchiv**

9.1 EZB – Elektronische Zeitschriftenbibliothek

Die große Mehrzahl der Informatik-Zeitschriften erscheint auch oder ausschließlich elektronisch. Selbst ältere Artikel, die lange vor dem digitalen Zeitalter geschrieben worden sind, sind inzwischen digitalisiert. Elektronische Zeitschriftenartikel können Sie sofort herunterladen, speichern oder ausdrucken, sie sind somit die komfortablere Variante als ihre gedruckten Pendants. Daher wird – bei bekannten Metadaten eines Zeitschriftenartikels – die *Elektronische Zeitschriftenbibliothek EZB* eine wichtige Anlaufstelle für Sie sein.

Zugangsportal

In der EZB sind alle elektronischen Lizenzen und freien Zugänge zu *wissenschaftlichen* Zeitschriften Ihrer Institution enthalten. Sie verzeichnet knapp 70 000 elektronische Zeitschriften, von denen fast 40 000 kostenfrei für jedermann zugänglich sind. Etwa 3 000 Zeitschriften sind dabei der Informatik zuzuordnen. Links führen Sie jeweils direkt zum Anbieter der Volltexte.

Ähnlich wie Datenbanken über verschiedene Anbieter lizenziert werden können, werden Zeitschriften von Bibliotheken oft über sogenannte *Aggregatoren* angeboten (z. B. Ebsco oder JSTOR). Suchen Sie über Google oder Google Scholar landen Sie aber zumeist beim Verlag, wo Sie in einem solchen Fall keinen Zugang erhalten – in der EZB dagegen sind die für Ihre Institution richtigen Zugangslinks verzeichnet. Neben dem Linkresolver (vgl. S. 111) ist die EZB damit Ihr direkter und sicherer Weg zum Volltext.

Die EZB ist ein Schwesterprojekt von DBIS und funktioniert ganz ähnlich. Rufen Sie die EZB aus dem Netz Ihrer Institution oder über die Bibliothekswebseite auf, um sich die *Lizenzen Ihrer Bibliothek* anzeigen zu lassen. Anders als in DBIS suchen Sie in der EZB immer in allen verzeichneten Zeitschriften, Sie bekommen also auch Titel angezeigt, zu denen Sie keinen Zugang haben.

Die EZB bedient sich hierzu eines Ampelsystems zur Kennzeichnung – Volltexte erhalten Sie bei gelbem (kostenpflichtige, lizenzierte Zeitschriften) und grünem (kostenfreie Zeitschriften) Licht. Haben Sie zu einer Zeitschrift über Ihre Institution keinen Zugriff (rote Ampel), erhalten Sie einen Link zur ZDB (vgl. nächster Abschnitt), wenn die Bibliothek die Zeitschrift gedruckt vorhält. Zeigt die Ampel gelb-rot, wie in Abbildung 35, so haben Sie zu einem Teil der Jahrgänge Zugang.

Zugang über andere Bibliotheken

Sie können sich außerdem bei jedem Titel die „Liste der teilnehmenden Institutionen, die Volltextzugriff bieten" anzeigen lassen. Gerade wenn Sie in einer größeren Stadt leben, können Sie hier evtl. eine *nahegelegene Bibliothek* finden, die die Zeitschrift bereithält. Beachten Sie, dass an Hochschulen aus lizenzrechtlichen Gründen Zugang auf elektronische Ressourcen außerhalb der Bibliotheksräumlichkeiten meist nur den eigenen Studierenden ermöglicht wird. An Rechnern innerhalb der Bibliothek können Sie aber auch als externer Bibliotheksnutzer die elektronischen Zeitschriften nutzen.

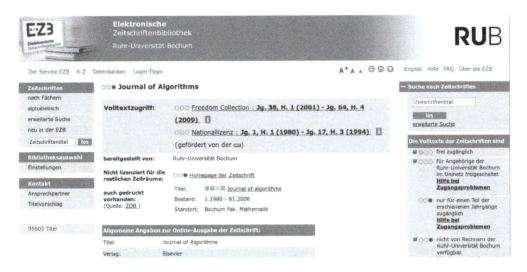

Abb. 35: Trefferanzeige in der EZB am Beispiel der Ruhr-Universität Bochum

Bei Staats- und Landesbibliotheken können Sie ebenfalls auf elektronische Medien zugreifen – meist auch von Zuhause aus – es lohnt sich also, wenn es eine solche Bibliothek in Ihrer Nähe gibt, sich neben Ihrer Hochschulbibliothek auch dort einen (fast immer kostenlosen) Ausweis ausstellen zu lassen und sich nach den Zugangsmöglichkeiten zu erkundigen.

Auch bei einer roten Ampel können Sie sich oft die Inhaltsverzeichnisse und Abstracts ansehen. Für eine Relevanzbeurteilung, um beispielsweise zu klären, ob sich eine Fernleihe lohnt, kann das oft schon hinreichend sein. Bei einigen Zeitschriften haben die Autoren die Möglichkeit gegen entsprechendes Entgelt ihren Artikel Open Access (vgl. S. 77) zu publizieren – vielleicht haben Sie ja Glück und der Artikel, den Sie suchen, gehört dazu und Sie können ihn trotz roter Ampel herunterladen.

9.2 ZDB – Zeitschriftendatenbank

Die *Zeitschriftendatenbank ZDB* verzeichnet mehr als 1,6 Millionen gedruckte und elektronische Zeitschriften, Zeitungen und Schriftenreihen, davon ca. 17 000 aus der Informatik. Damit ist sie eines der umfangreichsten Zeitschriftenverzeichnisse weltweit. Nahezu alle wissenschaftlichen Bibliotheken in Deutschland und Österreich verzeichnen ihre Periodika dort.

Bestandsdaten
In der Trefferanzeige ist für jeden Titel unter dem Reiter „Besitznachweise" angegeben, welche Bibliotheken welche Jahrgänge besitzen und ob diese den Titel per Fernleihe zur Verfügung stellen. Die Darstellung ist übersichtlicher als in den Bibliotheks- und Verbundkatalogen und lässt sich nach Jahrgängen filtern.

Die Zeitschrift in Abbildung 36 ist ausschließlich an der TIB vorhanden und auch dort fehlt Heft 1. Artikel aus diesem Heft sind über die (innerdeutsche) Fernleihe daher nicht erhältlich – andernorts vorhandene elektronische Ausgabe stehen aus rechtlichen Gründen nur

Bestellung
vor Ort zur Verfügung. Die Fernleihe und der Dokumentlieferdienst subito (siehe Abschnitt 18.2) lassen sich übrigens direkt aus der ZDB heraus aufrufen.

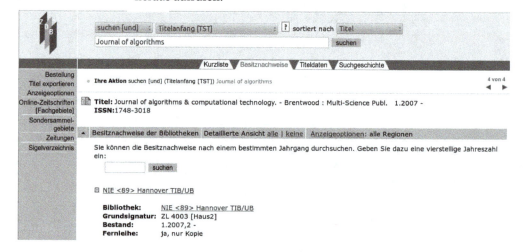

Abb. 36: Besitznachweise in der ZDB

Erscheinungsverlauf
Zeitschriften haben oft einen komplizierten *Erscheinungsverlauf*: Sie werden umbenannt, geteilt oder mit anderen Zeitschriften zusammengeführt. Bei manchen ist in der wissenschaftlichen Community ein Name gängig, der nicht der offizielle Titel ist. Auf die Zeitschrift in Abbildung 37 trifft sogar beides zu! Daher entsprechen die Angaben in einem Literaturverzeichnis nicht immer dem korrekten Namen der Zeitschrift, zumal sie dort meist abgekürzt werden. Wenn Sie Literaturangaben zu einem Artikel haben und Schwierigkeiten die Zeitschrift zu finden, ist die ZDB eine gute Möglichkeit, um die Richtigkeit der Angaben zu überprüfen und gegebenenfalls zu korrigieren oder zu ergänzen.

Haben einzelne Zeitschriften im Laufe ihres Erscheinens den Titel, den Verlag oder den Herausgeber gewechselt, so werden die entsprechenden Datensätze untereinander verlinkt. Ebenso wird es bei der

IDN:	01440933X
Titel:	Microprocessing and microprogramming : the Euromicro journal / European Association for Microprocessing and Micropramming
Erschienen:	Amsterdam : North-Holland Publ. Co.
Erscheinungsverlauf:	7.1981 - 41.1995/96,Juli
Anmerkungen:	Abkürzungstitel: Microprocess. Microprogram.
	Abkürzungstitel: Microprocess. & Microprogram. (Netherlands)
	Abkürzungstitel: Euromicro J.
Frühere/spätere Titel:	Vorg. ---> European Association for Microprocessing and Microprogramming : EUROMICRO journal / European Association for Microprocessing and Microprogramming
	Forts. ---> Journal of systems architecture
Weitere Titelhinweise:	Online-Ausg. ---> Microprocessing and microprogramming
	Einzelne H. zugl. Bd. von Symposium on Microprocessing and Microprogramming : Short notes from Euromicro Symposium on Microprocessing and Microprogramming 18=12; 21=13; 24=14; 27=15 von Symposium on Microprocessing and Microprogramming : Euromicro Symposium on Microprocessing and Microprogramming
Standardnummern:	ISSN der Vorlage: 0165-6074

Abb. 37: Titeldaten einer mehrfach umbenannten Zeitschrift in der ZDB

elektronischen und gedruckten Ausgabe einer Zeitschrift gehandhabt. Anders als in der EZB finden Sie in der ZDB keine auf die Lizenzen Ihrer Bibliothek abgestimmten Links zu elektronischen Zeitschriften – verwenden Sie stattdessen den Link zur EZB.

9.3 DOAJ – Directory of Open Access Journals

Das *Directory of Open Access Journals* (DOAJ) verzeichnet, wie der Name verrät, ausschließlich frei zugängliche Zeitschriften. Mit etwa 9 000 enthaltenen Zeitschriften – bei starkem Wachstum – ist es das wichtigste Verzeichnis von Open-Access-Zeitschriften. Darunter sind ca. 360 Informatik-Zeitschriften. Anders als bei den „grünen" Zeitschriften in der EZB, werden im DOAJ nur Zeitschriften verzeichnet, die ein Review-Verfahren haben und deren Artikel sofort nach Erscheinen, also ohne Embargo, frei zugänglich sind.

Etwa die Hälfte der Zeitschriften ist mit Hilfe des Suchschlitzes „Articles" auch im *Volltext durchsuchbar* („DOAJ Content"), sodass die Funktionalität des DOAJ über ein reines Zeitschriftenverzeichnis hinausgeht.

Open Access

Die Open-Source-Bewegung hat eine Entsprechung in der Welt der wissenschaftlichen Literatur: *Open Access* (OA).

Dahinter steht die Vorstellung, dass öffentlich finanzierte wissenschaftliche Fortschritte weltweit kostenfrei und ohne unnötige Hindernisse zugänglich sein sollten. Ihren Ursprung hat die Bewegung einerseits im Widerstand gegen die oft *hohen Zeitschriftenpreise* kommerzieller Verlage und den damit notwendigen Abbestellungen durch Bibliotheken. Andererseits bietet das Internet heutzutage die Möglichkeit, Inhalte einfach *elektronisch veröffentlichen* zu können.

Neben Preprint-Plattformen wie dem arXiv (vgl. Kapitel 10) gibt es in der Zwischenzeit viele OA-Zeitschriften, die nach denselben Prinzipien arbeiten wie traditionelle Journals. Finanziert werden diese entweder durch die herausgebende Institution (Universität oder Fachgesellschaft) oder über Autorengebühren.

Die DFG und viele Universitäten unterstützen Open Access aktiv beispielsweise durch Zuschüsse zu den Autorengebühren. Über die Hintergründe und Aktivitäten rund um Open Access informieren Sie sich am besten unter http://open-access.net. Dort finden Sie auch eine hilfreiche Liste von Suchmaschinen für OA-Inhalte, wie BASE oder Citeseer[X] (http://open-access.net/de/recherche/oa_suchmaschinen).

DOAB

Mit dem *Directory of Open Access Books* (DOAB) gibt es seit Kurzem auch eine Plattform, die frei zugängliche Bücher verzeichnet. Ihr Umfang, insbesondere was Informatik-Literatur betrifft, ist aber (im Moment) so gering, dass sich eine Suche hier noch kaum lohnt.

9.4 JSTOR und DigiZeitschriften

Das seit 1995 bestehende *Zeitschriftenarchiv JSTOR* bietet Zugang zu etwa 1 500 (retro-)digitalisierten Zeitschriften, zumeist aus dem US-amerikanischen Raum. Sie finden hier nicht wie bei EZB und ZDB nur die Metadaten der Zeitschriften, sondern die enthaltenen Artikel im Volltext und können sowohl in den Metadaten als auch im *Volltext* suchen.

Moving Wall

Zeitschriften bei JSTOR unterliegen einer *Moving Wall*: Sie erhalten keinen Zugang zu den jeweils aktuellsten Jahrgängen. Die Moving Wall beträgt zwischen einem und elf Jahren. Erst seit 2010 hat sich das für einige Zeitschriften geändert, von denen Sie auch die aktuellen Hefte finden können.

Für den größten Teil von JSTOR ist eine Lizenz erforderlich, erkundigen Sie sich (z. B. in DBIS), ob und für welche Teile Ihre Bibliothek eine solche Lizenz abgeschlossen hat. Mit „Register and Read" haben Sie unabhängig davon die Möglichkeit bis zu drei Aufsätze je zwei Wochen kostenlos online zu lesen – allerdings steht Ihnen hierfür nur ein Teil der Zeitschriften zur Verfügung. Insgesamt zeichnet sich aber bei JSTOR die Tendenz ab, zunehmend mehr Inhalte Open Access anzubieten.

Abdeckung

In JSTOR sind leider praktisch keine Informatik-Zeitschriften enthalten, dafür aber mathematische, natur- und wirtschaftswissenschaftliche. Die Plattform ist für Sie dann interessant, wenn Ihr Thema einen entsprechenden Bezug hat, denn Sie finden in JSTOR viele Zeitschriften mit hohem Renommee. Genannt seien beispielhaft die „Philosophical Transactions of the Royal Society" – eine der ältesten wissenschaftlichen Zeitschriften überhaupt – oder „Science".

Seit November 2012 sind über JSTOR auch *15 000 E-Books* verfügbar.

Das weniger umfangreiche deutsche Gegenstück zu JSTOR sind die *DigiZeitschriften*. Der fachliche Fokus ist ähnlich wie bei JSTOR – reine Informatik-Zeitschriften sind nicht enthalten. Sie finden hier aber beispielsweise ältere Statistische Jahrbücher, die „Inventiones Mathematicae" oder „Discrete & Computational Geometry".

DigiZeitschriften

Die Zeitschriften, die Ihre Bibliothek über JSTOR oder DigiZeitschriften zur Verfügung stellt, sind auch in der EZB verzeichnet. Sie müssen im Normalfall also nicht direkt dort suchen. Für eine Volltextsuche in den betreffenden Zeitschriften bieten sich die beiden Plattformen jedoch an.

10 Graue Literatur – Preprints, Technical Reports, Working Papers

Preprint und *Technical-Report*-Reihen werden von vielen Fakultäten und Forschungsinstituten herausgegeben. Es handelt sich meist um aktuelle Forschung, die auf diesem Weg der wissenschaftlichen Öffentlichkeit zugänglich gemacht wird, bevor sie den formellen Publikations- und Peer-Review-Prozess durchlaufen hat. Manchmal sind es auch längere Versionen eines Konferenzbeitrags, da diese in Tagungsbänden zumeist einer Seitenzahlbegrenzung unterliegen. Auch Dissertationen und andere an der Hochschule entstandene Arbeiten werden teilweise auf diese Weise veröffentlicht.

Unter *grauer Literatur* versteht man alle Publikationen, die – anders als Verlagsliteratur – nicht im Buchhandel erhältlich sind.

Graue Literatur

Seit Mitte der Neunziger Jahre haben sich diese Reihen zunehmend ins Netz verlagert und erscheinen oft nur noch elektronisch, häufig auf den Webseiten oder in den institutionellen Repositorien der jeweiligen Institution. Diese verteilte Infrastruktur macht die Suche nach Reports aufwendig, da sie in den traditionellen bibliographischen Datenbanken meist nicht oder nur teilweise verzeichnet sind. Eine Suche in wissenschaftlichen Suchmaschinen wie BASE (vgl. Abschnitt 4.4) erschließt graue Literatur am besten. Gedruckte technische Berichte finden Sie unter anderem bei GetInfo (vgl. Abschnitt 14.2).

In manchen Disziplinen haben sich spezielle Plattformen für diese Publikationsform entwickelt, sogenannte *fachliche Repositorien*. Hier ist insbesondere das *arXiv* zu nennen. Entstanden ist es im Jahr 1991 am Los Alamos National Laboratory, inzwischen wird es von der Cor-

arXiv

nell University gehostet und betreut. Das Repositorium umfasst mehr als 800 000 Preprints aus den Bereichen Physik, Mathematik und Informatik. Obwohl das arXiv eine Volltextdatenbank ist, ist erst seit Kurzem eine Volltextsuche möglich.

CoRR

Die Preprints der Informatik werden auch separat unter dem Namen *Computing Research Repository* (CoRR) angeboten. Der Inhalt von CoRR entspricht dem Informatik-Teil von arXiv und gliedert sich nach Fachgebieten, die der ACM CCS entlehnt sind.

Das arXiv hat in der Informatik (noch?) nicht den Stellenwert wie in der Physik und Mathematik, wo ein großer Teil der Publikationen als Preprints über das arXiv verfügbar ist. Die Bedeutung scheint aber zuzunehmen: Bei insgesamt 40 000 im Bereich „Computer Science" seit 1993 veröffentlichten Artikeln stammen über 10 000 allein aus dem Jahr 2012.

Der Artikel in Abbildung 38 ist das Preprint eines Zeitschriftenartikel. Im arXiv war der Text bereits über ein Jahr vor dem Erscheinen des Zeitschriftenheftes online und wurde zweimal durch eine revidierte Fassung aktualisiert. Sie sehen: Hier bekommt man aktuelle Forschungsergebnisse zeitnah, muss aber auch etwas Vorsicht walten lassen. Der Review-Prozess findet zumeist erst hinterher statt und, anders als bei einer traditionellen Veröffentlichung, können im arXiv Artikel später revidiert werden. Wenn Sie Artikel aus dem arXiv zitieren, geben Sie daher die arXiv-ID und die Versionsnummer an, wie unter „Cite as" angegeben.

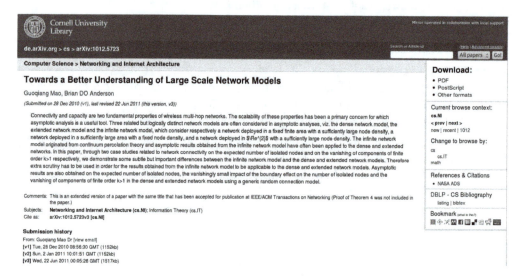

Abb. 38: Trefferanzeige im arXiv

Für die Wirtschaftswissenschaften hat sich die seit 1997 existierende Plattform *Research Papers in Economics* (RePEc) etabliert. Der Stellenwert von Preprints (in den Wirtschaftswissenschaften meist „Working Papers" oder „Discussion Papers" genannt) ist hoch – viele Report-Reihen haben auch ohne Peer-Review eine hohe Reputation. Anders als im arXiv sind für manche der über 1,3 Millionen in RePEc enthaltenen Datensätze lediglich die Metadaten hinterlegt. Der größte Teil ist online zugänglich, über 500 000 Volltexte sind sogar kostenfrei. Auch Daten vieler renommierter Verlage wie Elsevier, Wiley und Springer sind in RePEc enthalten. RePEc kombiniert somit ein fachliches Repositorium mit einer bibliographischen Datenbank.

Durchsuchbar ist RePEc unter anderem über IDEAS, aber auch eine Vielzahl anderer Webseiten nutzt die Daten. Eine Übersicht finden Sie auf der Seite von RePEc.

Wenn die Abdeckung Ihres Themas im arXiv oder RePEc oder einem anderen Preprintarchiv gut ist, können Sie dies sehr gut nutzen, um über den aktuellen Stand der Forschung auf dem Laufenden zu bleiben: Abonnieren Sie die RSS-Feeds zu Ihrem Fachgebiet oder lassen Sie sich die neuesten Uploads per E-Mail zusenden.

11 E-Books

Elektronische Bücher ergänzen und ersetzen zunehmend die gedruckten Werke. Von einzelnen Ausnahmen abgesehen, sind neuere digitale Volltexte legal nur kostenpflichtig zu bekommen. Ihre Bibliothek hat aber sicher das eine oder andere E-Book, wahrscheinlich sogar umfangreiche Pakete, für Sie lizenziert. Anders als Stadtbibliotheken bieten wissenschaftliche Bibliotheken zumeist kein Ausleihmodell für E-Books, sondern Sie können kapitelweise PDF-Dateien herunterladen oder die Bücher jederzeit online lesen. Ein E-Book ist daher niemals ausgeliehen, sondern (fast) immer und überall für jeden Bibliotheksnutzer verfügbar. Die genauen Konditionen und Formate unterscheiden sich dabei von Anbieter zu Anbieter, sodass Sie immer wieder mit unterschiedlichen Oberflächen und Bedienungskonzepten zu tun haben werden. Die meisten Anbieter erlauben eine Volltextsuche im Buch, auf einigen Oberflächen können Sie sich in den E-Books auch eigene Notizen speichern, Lesezeichen setzen und weitere Funktionalitäten nutzen.

Elektronische Bücher suchen Sie wie gedruckte am besten im OPAC, in manchen Bibliotheken auch in einem separaten E-Book-OPAC. Dort sind alle lizenzierten E-Books Ihrer Bibliothek sowie viele freie verzeichnet. Empfehlenswert ist die Möglichkeit, in der

Suchmaske oder über Filterung der Trefferliste speziell nach E-Books zu suchen. Generell ist die Suche im OPAC der Suche bei einzelnen Verlagen oder E-Book-Aggregatoren (wie Ciando oder MyiLibrary) vorzuziehen, da Sie hier alle E-Books Ihrer Bibliothek finden, egal auf welcher Plattform sie liegen.

Safari Tech Books

Mit weit über 20 000 E-Books, den lizenzpflichtigen *Safari Tech Books*, dürfte Safari Books Online der größte Aggregator für Informatik-Bücher sein. Hier versammeln sich Lehrbücher, Programmierhandbücher und andere Computerliteratur von vielen wichtigen IT-Verlagen, darunter O'Reilly, Addison-Wesley, Pearson und Microsoft Press. Forschungsliteratur finden Sie bei Safari allerdings weniger. Die Bücher lassen sich nur online lesen, zum Download und Ausdruck werden Seiten lediglich einzeln angeboten. Ein Großteil der Titel ist englisch, aber bei den Campuslizenzen deutscher Hochschulen sind auch etwa 1 000 deutschsprachige Titel enthalten. Manche Bibliothek bietet keinen Komplettzugang zu Safari an, sondern hat eine bestimmte Titelzahl abonniert. In solchen Fällen können Sie im OPAC oder auf der Weboberfläche von Safari gezielt nach den lizenzierten Titeln suchen.

Auch abseits der Bibliothek finden Sie im Netz E-Book-Angebote, einige kostenfreie seien hier kurz vorgestellt.

PaperC

Ein besonderer Ansatz wird vom deutschen Anbieter *PaperC* verfolgt: Das Lesen der ca. 20 000 E-Books ist bei PaperC kostenlos – vier Seiten ohne Anmeldung, ansonsten ist ein kostenloser Account notwendig. Lediglich beim Download und Druck von Seiten fällt eine Gebühr an. Sie können auch komplette E-Books erwerben. PaperC bietet ein breites Spektrum an IT- und Informatikliteratur. Die Plattform arbeitet mit vielen einschlägigen Verlagen zusammen, darunter O'Reilly, dpunkt und Addison-Wesley. Je nach Verlag haben Sie bei vielen Büchern eine Zeitsperre, Sie können 20 Minuten lesen und müssen anschließend eine Stunde Pause machen, bevor Sie weiter in diesem Buch lesen dürfen. Wenn das Lesen am Bildschirm keine Hürde für Sie darstellt, ist PaperC trotz der genannten Einschränkungen eine sehr umfangreiche und damit empfehlenswerte Quelle für deutsch- und englischsprachige IT-Literatur. Mit dem Umzug auf eine neue Plattform plant das Unternehmen das Finanzierungsmodell zu ändern, das kostenfreie Lesen wird dann voraussichtlich durch ein Flat-Rate-Modell ersetzt.

GoogleBooks

Natürlich hat Google auch eine passende Suchmaschine für Bücher: *Google Books*. Google arbeitet sowohl mit Verlagen als auch Bibliotheken zusammen, um die Volltextsuche – so das Credo – in möglichst allen Büchern der Welt zu ermöglichen. Komplett einsehen können Sie nur urheberrechtsfreie Titel, ansonsten bekommen Sie –

ähnlich wie bei Amazon – lediglich einige Seiten oder auch nur einige Zeilen („Snippet") zu sehen. Aber auch in diesen Fällen ist der Volltext komplett durchsuchbar.

Google Books ist insbesondere dann empfehlenswert, wenn Sie gerne eine Volltextsuche in Buchbeständen machen wollen – vielleicht, weil Sie nach etwas sehr Speziellem suchen. Bedenken Sie hierbei aber, dass die nicht völlig fehlerfrei funktionierende automatische Texterkennung (OCR) Auswirkungen auf die Ergebnisse hat.

Auch wenn Sie lediglich eine bestimmte Stelle in einem Buch brauchen, können Sie bei Google Books Ihr Glück versuchen – vielleicht ist die benötigte Seite in der Vorschau enthalten.

Open Access ist bei Büchern noch sehr viel weniger etabliert als bei Zeitschriften. Aber es gibt Autoren, die als Vorreiter ihre Bücher unter GNU- oder Creative-Commons-Lizenzen frei im Internet bereitstellen. Teilweise geschieht dies parallel zur Publikation in einem Verlag, teilweise werden die Bücher auch nur online veröffentlicht. Diese Bücher sind oft auf den Webseiten der Autoren oder auf verschiedensten Plattformen hinterlegt, wie *Connexions*, die freie E-Books anbieten. Auch einige Verlage, darunter O'Reilly und Galileo Press, bieten manche ihrer E-Books als *Open Books* kostenlos zum Download an. Wegen dieser Zerstreuung ist es relativ aufwendig, gezielt nach freien E-Books zu suchen. Mit dem DOAB (vgl. Abschnitt 9.3) gibt es einen vielversprechenden Ansatz hierfür ein Suchinstrument zu schaffen.

Open Access

Eine weitere Möglichkeit ist das *Internet Archive*, wo Sie – neben vielem anderen Material – auch E-Books aus verschiedensten Quellen finden können. Leider ist die Webseite eher unübersichtlich, aber es lohnt sich herumzustöbern oder die erweiterte Suche zu nutzen. So sind unter anderem in der Sammlung „Open Source Textbooks" über 100 Lehrbücher zur Informatik zu finden.

Internet Archive

12 Dissertationen und andere Hochschulschriften

Hochschulschriften, insbesondere Dissertationen, sind in Bibliothekskatalogen und Fachbibliographien verzeichnet oder über wissenschaftliche Suchmaschinen wie BASE auffindbar. Sie werden daher bei jeder ausführlichen Recherche automatisch auch diesen Literaturtyp finden. Wieso sollten Sie also zusätzlich gezielt nach Hochschulschriften suchen?

Zum einen können Hochschulschriften inhaltlich sehr interessant und relevant für Ihre Arbeit sein. Zwar werden die Erkenntnisse von Dissertationen und Habilitationen meist zusätzlich in Form von Zeitschriftenartikeln oder Konferenzbeiträgen vor oder nach Erscheinen der eigentlichen Arbeit publiziert, trotzdem kann es sich auch in solchen Fällen lohnen, die Arbeit selbst zu lesen. Sie enthält oft *einführende Kapitel* und stellt die einzelnen Forschungsergebnisse in einen *breiteren Kontext*. Zudem enthalten diese Arbeiten meist *ausführliche Literaturverzeichnisse* zum Thema, die wertvolle Hinweise auf weitere für Sie relevante Artikel und Bücher enthalten können.

Zum anderen ist es sinnvoll, gezielt auf die Suche zu gehen, da Hochschulschriften zwar in den traditionellen Suchinstrumenten mit auftauchen, aber selten in der gewünschten Vollständigkeit. Doktorarbeiten, gerade in der Informatik, erscheinen heute oft ausschließlich elektronisch, alternativ auch als Buchpublikation entweder in einem auf diesen Zweck spezialisierten Verlag (Shaker, Dr. Hut, Logos, ...) oder prestigeträchtiger in einem „normalen" wissenschaftlichen Verlag. Im ersten Fall immer, im zweiten Fall oft, wird das Manuskript des Doktoranden ohne weitere verlegerische Bearbeitung gedruckt. Diese gedruckten Versionen sind oft nur in sehr wenigen Bibliotheken vorhanden, da sie aufgrund der geringen Auflage und der hohen Spezialisierung relativ teuer sind. Bevor Sie eine Fernleihe anstoßen, lohnt sich die Recherche nach einer eventuell verfügbaren kostenlosen elektronischen Version der Arbeit.

In Bibliothekskatalogen sind Hochschulschriften immer in standardisierter Form gekennzeichnet (Marburg, Univ., Diss., 2006), auch wenn es sich um eine Verlagsdissertation handelt (Zugl.: Marburg, Univ., Diss., 2006). Sie können am Hochschulschriftenvermerk einerseits einem Datensatz immer sofort ansehen, um was für eine Arbeit es sich handelt und damit das Niveau einschätzen. Andererseits können Sie den Hochschulschriftenvermerk nutzen, um gezielt nach solchen Arbeiten zu suchen oder diese aus Ihrer Suche auszuschließen.

DNB

Deutsche Hochschulschriften suchen Sie am besten im Katalog der *Deutschen Nationalbibliothek* (DNB), denn dort sind diese komplett verzeichnet, egal in welcher Form sie erschienen sind. In der erweiterten Suche finden Sie die Möglichkeit auf Hochschulschriften einzuschränken unter „Standorte/Kataloge". Sie können alternativ auch im Nachhinein Ihre Trefferliste danach filtern. Auf elektronische Arbeiten haben Sie sofort Zugriff, andere Arbeiten besorgen Sie sich über Ihre Bibliothek oder die Fernleihe. Insgesamt finden Sie dort über 120 000 Dissertationen.

Ob und wie *ausländische Dissertationen* oder andere Abschlussarbeiten veröffentlichungspflichtig sind, unterscheidet sich von Land zu Land und daher auch wie vollständig diese auffindbar sind. Hilfreich

DART

für die Suche ist *DART-Europe*, eine Plattform, die fast 400 000 Online-Dissertationen von über 500 europäischen Universitäten verzeichnet.

Auf internationaler Ebene gibt es die *Networked Digital Library of Theses and Dissertations* (NDLTD), dort finden Sie mehr als eine Million Online-Dissertationen. Der NDLTD-Katalog ist unter anderem über Scirus (vgl. Abschnitt 4.5) durchsuchbar. Auf der Webseite der NDLTD finden Sie zudem weitere Suchinstrumente, mit denen Sie speziell nach Hochschulschriften recherchieren können.

NDLTD

13 Normen und Patente

Normen und Patente werden Ihnen in Ihrer wissenschaftlichen Arbeit nur bei manchen Themenstellungen begegnen. Sollten Sie diese benötigen, so ist es wichtig zu wissen, dass in den bisher betrachteten Suchinstrumenten beides nicht oder nur spärlich verzeichnet ist. Sie benötigen für die Suche spezialisierte Rechercheinstrumente, die wir im Folgenden kurz vorstellen. Weitere Informationen finden Sie unter http://lotse.uni-muenster.de/ingenieurwissenschaften.

13.1 Normen

Genormt wird in der Welt praktisch alles: Wir schreiben auf DIN-A4-Papier und surfen mit dem IEEE-802.11-WLAN-Standard. Normen werden von Normierungsstellen, wie dem Deutschen Institut für Normung (DIN), dem europäischen Comité Européen de Normalisation (CEN) oder von der International Organization for Standardization (ISO) erarbeitet, im Bereich der Elektrotechnik auch von Fachgesellschaften wie dem Verband der Elektrotechnik, Elektronik und Informationstechnik (VDE) und IEEE. Viele Normen werden von anderen Normierungsstellen übernommen, und tragen dann Nummern mehrerer Institutionen. Teile der Norm VDE 0819 sind beispielsweise vom DIN als DIN EN 50288 übernommen worden.

Die allermeisten Normen sind, außer während der Entwurfsphase, nicht frei im Netz zu finden. Einzelkäufe von Normen, direkt bei der jeweiligen Normierungsstelle oder über den Beuth-Verlag, einem Tochterunternehmen der DIN, sind zumeist kostspielig, zumal Normen oft nur wenige Seiten umfassen. Zum Glück gibt es *DIN-Normen-Auslegestellen*, wo Sie deutsche und teils auch internationale Normen kostenfrei einsehen können. Oft sind dies Bibliotheken von Hochschulen mit technischem Fächerspektrum. Eine Liste finden Sie auf der Webseite von Beuth.

Auslegestellen

Die *Nutzungskonditionen* bei Normen sind besonders streng. Kopieren oder Ausdrucken ist nur eingeschränkt möglich, VDE-Normen dürfen überhaupt nicht kopiert werden. Die Recherche in *Perinorm*, dem Online-Portal der DIN, ist zumeist auf die Bibliothek und den Campus beschränkt. Die Nutzung ist außerdem auf wissenschaftliche Verwertung begrenzt, für kommerzielle Zwecke muss die Norm gekauft werden. Erkundigen Sie sich bei der Auslegestelle nach den genauen Konditionen.

Internationale Normen

In IEEE Xplore sind – wenn Ihre Bibliothek dies mitlizenziert hat – auch IEEE-Normen und deren Entwürfe im Volltext enthalten. In Perinorm sind die wichtigsten internationalen Normen ebenfalls verzeichnet, weitere Suchinstrumente für Normen finden Sie in DBIS. Volltexte erhalten Sie allerdings dort im Allgemeinen nicht kostenfrei. Sie können diese teilweise über Ihre Bibliothek („Normen on Demand"), ansonsten über den Auslands-Normenservice des Beuth-Verlags oder über GetInfo bei der TIB erwerben.

13.2 Patente

Nach dem eher restriktiven Zugang zu Normen, das Positive vorneweg: Die Volltexte zu Patenten sind größtenteils frei zugänglich. Das ist schon deswegen notwendig, um ihren Sinn – den Schutz von Erfindungen und Marken – zu erfüllen. Sowohl das deutsche und das europäische Patentamt als auch Patentämter in aller Welt stellen Rechercheinstrumente für die Suche in ihren Patenten bereit. Wie so oft, ist DBIS Ihr Anlaufpunkt, um freie und lizenzpflichtige Patentdatenbanken zu finden.

IPC

Patente werden weltweit nach der *International Patents Classification* (IPC) erschlossen. Die Recherche mit der IPC ist insbesondere deshalb sinnvoll, weil Sie so in dem sprachlich heterogenen Bestand sprachunabhängig suchen können. Die Klassifikation DEKLA des Deutschen Patent- und Markenamtes (DPMA) ist eine Erweiterung der IPC. Patente mit IT-Bezug finden Sie unter G06 „Datenverarbeitung; Rechnen; Zählen" und untergeordneten Klassen. Lassen Sie sich beim Einstieg nicht davon verwirren, dass die Hauptklasse G für Physik steht.

Deutschland

Die Datenbank des DPMA nennt sich *DepatisNET*. Sie enthält alle deutschen, aber auch viele andere Patente im Volltext. Sie können unter anderem in der IPC browsen und eine Suche anstoßen oder im Volltext der Patente suchen. Mit DepatisNETPremium existiert eine kostenpflichtige Version mit erweiterten Funktionen, die Sie unter anderem über *Patentinformationszentren* (PIZ), die es in vielen Großstädten gibt, nutzen können. Einige technische Universitäten wie die

TU Kaiserslautern betreiben selbst ein PIZ. Eine Liste finden Sie unter http://www.piznet.de.

Darüber hinaus gibt es mit *DPMARegister* eine zweite Datenbank, in der Sie neben Patenten zusätzlich nach geschützten Marken und Gebrauchsmustern suchen können. Es ist das amtliche Patentregister Deutschlands und entspricht dem früheren Patentblatt. Sie können dort umfangreiche Informationen zum Stand des Patentverfahrens einsehen.

Das europäische Äquivalent zu DepatisNET ist *Espacenet*, das auch eine deutsche Suchoberfläche bietet. Als Besonderheit wird eine maschinelle Übersetzung angeboten, die speziell auf Patente zugeschnitten ist. Die *World Intellectual Property Organization* (WIPO) bietet ebenfalls diverse Rechercheinstrumente für Patente, Marken und Designs.

Ausland

Neben den Angeboten der Patentämter gibt es *kommerzielle Datenbanken* und Recherchedienste für Patente. Zu nennen wären hier beispielhaft das FIZ Karlsruhe mit STN International, sowie der Derwent Innovations Index. Beide haben gegenüber den freien Angeboten den Vorteil einer zusätzlichen sachlichen Erschließung und komfortablerer Suchoberflächen.

Wir haben hier die Patentrecherche nur ganz oberflächlich angerissen: Patentdatenbanken gehören zu den komplexesten Suchinstrumenten mit einer Vielzahl an Recherchemöglichkeiten. Ein guter Startpunkt sind die Patentinformationszentren (PIZ), die professionelle Hilfe bei der Patentrecherche bieten.

14 Portale – parallele Suche in Ressourcen

Nach dieser Vielzahl an Rechercheinstrumenten denken Sie jetzt vielleicht: Müssen das so viele sein? Kann ich nicht alles unter einer Oberfläche durchsuchen? Auch wenn es mit den Discovery Systemen (vgl. Abschnitt 2.3) gute Ansätze in diese Richtung gibt: wahrscheinlich wird es diesen „One-Stop-Shop" nicht so bald geben. Die detaillierten und fachbezogenen Rechercheansätze und die Vollständigkeit, wie sie Fachbibliographien und Zitationsdatenbanken bieten, werden zumindest heute von den Discovery Systemen noch nicht erreicht.

One-Stop-Shop

Da der Wunsch, nicht mehrere Datenquellen nacheinander absuchen zu müssen, schon lange besteht, gibt es einige Suchoberflächen, sogenannte Portale, über die Sie parallele Suchen oder *Metasuchen* realisieren können. Der Vorteil liegt auf der Hand: Sie suchen in einem größeren Datenbestand. Nachteile dieser Methode seien aber

Metasuche

auch nicht verschwiegen: Die Suchmöglichkeiten sind gegenüber den Originalen eingeschränkt. Suchen Sie in einem heterogenen Datenbestand, so können Sie nur die allen gemeinsamen Möglichkeiten nutzen, beispielsweise nur in solchen Feldern gezielt suchen, die in allen Datenbanken vorkommen. Den Suchkomfort mit Suchhistorie, Thesaurussuche oder Zitationssuche finden Sie bei den folgenden Portalen meistens nicht. Da die verschiedenen Datenquellen sich zumeist überschneiden, sind viele Datensätze in einem Portal mehrfach vorhanden und nicht alle Systeme schaffen es gut, diese Dubletten zu bereinigen.

Alle der folgenden Angebote sind frei im Netz zugänglich.

14.1 io-port.net

Beginnen wir mit *io-port.net*, das vom Fachinformationszentrum (FIZ) Karlsruhe bereitgestellt wird und über zwei Millionen Artikel, Bücher und graue Literatur zu Informatik-Themen enthält. Das Leibniz-Institut für Informationsinfrastruktur FIZ Karlsruhe ist eine gemeinnützige Gesellschaft, die die Verbreitung von technisch-wissenschaftlicher Information zur Aufgabe hat und eine Vielzahl an Datenbanken bereitstellt. Mit io-port.net durchsuchen Sie die DBLP, die IEEE Computer Society, die LNCS, die LNI (Lecture Notes in Informatics) sowie die Datenbank CompuScience, die vom FIZ selbst bereitgestellt wird, und weitere Daten.

Suchoberfläche — Die *Suchoberfläche* ähnelt sehr stark dem Zentralblatt MATH, das ebenfalls vom FIZ Karlsruhe angeboten wird. Sie bietet eine einfache sowie eine erweiterte Suche; eine einfache Suchhistorie erleichtert die Recherche. Eine nachträgliche Filterung der Trefferliste ist leider nicht integriert. Es gibt die Möglichkeit nach der ACM CCS (nicht, wie fälschlich in der Hilfe steht, nach MSC) zu suchen, aber da nur ein Bruchteil des Datenbestands damit erschlossen ist, ist dies weniger empfehlenswert.

Zugang zum Volltext — Lassen Sie sich nicht verwirren: Der mit „PDF" beschriftete Link in der Trefferliste, führt nicht zum Volltext, sondern zur PDF-Version der bibliographischen Daten. Volltexte sind bei ca. 60 Prozent der Datensätze über den Link „DOI" oder „URL" erreichbar, wenn Ihre Bibliothek eine Lizenz hat. Bei jedem Datensatz finden Sie einen Link zum WorldCat, der Sie bei Artikeln zum Eintrag der Zeitschrift führt. Das ist sehr praktisch, wenn die Daten Ihrer Bibliothek im WorldCat enthalten sind. Bei Konferenzartikeln funktionieren die Links allerdings nicht immer korrekt. Ein besonderer Bonus von io-port.net:

Die Lecture Notes in Informatics sind direkt im Volltext kostenfrei zugänglich. Diese Buchreihe wird von der Gesellschaft für Informatik herausgegeben und veröffentlicht wie die LNCS hauptsächlich Konferenzbände. Mit etwa 20 Bänden pro Jahr sind die LNI allerdings deutlich weniger umfangreich.

Die thematische Suche in io-port.net ist empfehlenswert, da anders als in der DBLP oft Abstracts enthalten sind und Sie nicht auf eine reine Titelstichwortsuche angewiesen sind. Die Qualität der Metadaten ist sehr gut. LATEX wird beim Export korrekt dargestellt, allerdings ohne crossref (also die Trennung zwischen Konferenzband und -artikel). Legen Sie darauf Wert sollten Sie Ihre BIBTEX-Datensätze direkt aus der DBLP exportieren.

Export

14.2 GetInfo

GetInfo ist das Portal der TIB, das als Bestellplattform für den dortigen Dokumentlieferdienst dient. Darüber hinaus ist GetInfo auch für Literaturrecherchen gut geeignet. Es sind über 150 Millionen Datensätze aus Naturwissenschaft und Technik enthalten. Neben den gängigen Dokumenttypen wie Büchern und Artikeln sind via GetInfo zusätzlich Forschungdaten, 3D-Modelle und vieles mehr suchbar.

Welche Datenbanken in GetInfo integriert sind, finden Sie in Abbildung 39. „Interne“ Datenbanken werden gemeinsam durchsucht und in einer Trefferliste präsentiert. Die „externen“ Datenbanken werden zwar abgefragt, doch Sie erhalten neben der Trefferliste lediglich ei-

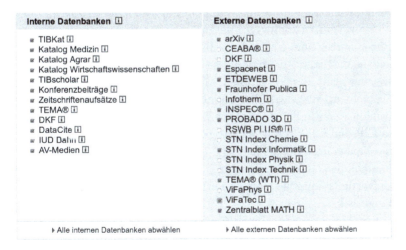

Abb. 39: Datenbankauswahl in GetInfo

ne Information darüber, wie viele Treffer in der jeweiligen Datenbank gefunden wurden – per Mausklick können Sie sich dorthin durch klicken. Das kann sehr hilfreich sein, um herauszufinden, in welchen anderen Suchinstrumenten sich eine Recherche zu Ihrem Thema lohnt! Unter ihnen sind viele kostenpflichtige Datenbanken, zu denen Sie unter Umständen keinen Zugriff bekommen, wenn Ihre Bibliothek keine Lizenz hat. Achtung: Inspec ist über das WTI verlinkt, wenn Sie über eine andere Suchoberfläche Zugang haben, rufen Sie Inspec bitte wie üblich über DBIS auf.

Unter den internen Datenbanken findet sich die TEMA (vgl. Abschnitt 8.1), die Sie hier somit – wenngleich mit deutlich weniger Suchkomfort – kostenfrei durchsuchen können. GetInfo enthält allerdings nicht die Einträge des letzten halben Jahres, sodass Sie ganz aktuelle Literatur nur in der TEMA selbst finden.

Anders als in io-port.net können Sie bei GetInfo auswählen, welche der angebotenen Datenbanken Sie durchsuchen wollen. Treffen Sie hier am besten schon vor der Suche eine geeignete Auswahl, um Fall-Out zu vermeiden. Hat Ihr Thema etwa keinen Bezug zur Medizin, so können Sie den Katalog Medizin ohne Bedenken herausnehmen.

Suchoberfläche   GetInfo bietet Ihnen neben einer Merkliste und Suchhistorie auch umfangreiche Sucheinschränkungen, mit deren Hilfe Sie Ihre Trefferliste filtern können. Die Einschränkung nach „Fach" wird nicht in jedem Fall auf Ebene des einzelnen Dokuments vergeben, Sie sollten diesen – gerade bei großen Treffermengen sehr praktischen – Filter mit etwas Vorsicht einsetzen und eventuell auch „Technik" und „weitere Fächer" zusätzlich berücksichtigen.

Zugang zum Volltext   Direkte Links zum Volltext finden Sie bei Treffern aus der Datenbank „TIBscholar" unter der Bezeichnung „Abonnentenzugriff". Bei anderen Treffern können Sie die DOI verwenden, die in vielen Datensätzen verzeichnet ist. In der Vollanzeige finden Sie eine Verfügbarkeitsrecherche, die normalerweise anhand der IP-Adresse erkennt, zu welcher Institution Sie gehören. Klappt das nicht, beispielsweise weil Sie nicht im Uni-Netz sind, so können Sie Ihre Bibliothek per Hand auswählen – was immer noch schneller als eine Verfügbarkeitsrecherche in EZB und Co sein dürfte. Schauen Sie bei der Auswahl genau hin, die Namen der Bibliotheken sind uneinheitlich. So finden Sie die Bibliothek der TU München unter „T", die der TU Berlin unter „U" wie Universitätsbibliothek und die der TU Hamburg-Harburg unter „B" wie Bibliothek.

GetInfo ist wegen seiner breiten Abdeckung insbesondere für interdisziplinäre thematische Recherchen empfehlenswert. Da im Katalog der TIB, dem TIBKat, viel *graue Literatur*, wie Proceedings kleinerer

Konferenzen oder gedruckte technische Berichte, enthalten ist, finden Sie hier Material, das woanders schwer zu finden ist. Und natürlich können Sie GetInfo als das nutzen, wofür es in erster Linie gedacht ist – als *Bestellportal* für den Dokumentlieferdienst der TIB.

14.3 FreeSearch

Das Projekt *FreeSearch* des Forschunszentrums L3S der Uni Hannover und von iSearch bietet, anders als GetInfo, eine auf Informatik-Publikationen spezialisierte Metasuche. Durchsucht werden die DBLP, Citeseer[X], der Katalog der TIB, sowie der Dienst BibSonomy, eine Social Bookmarking-Plattform, auf der auch Literaturdaten geteilt werden können. In den Optionen können Sie auswählen, welche dieser vier Quellen Sie durchsuchen wollen. Das System versucht doppelte Einträge zu erkennen und präsentiert diese wie Google Scholar in der Trefferliste als verschiedene Versionen.

Allein die Möglichkeit DBLP und Citeseer[X] parallel durchsuchen zu können, macht FreeSearch zu einem interessanten Instrument. Zwar kann es die großen Vorteile der beiden – präzise Suchen nach Autoren und Konferenzen bei der DBLP, Zitationssuchen bei Citeseer[X] – nicht ersetzen, trotzdem bietet die Suchoberfläche durchaus einige interessante Funktionen. Darunter sind sehr innovative Ansätze, wie automatisierte Vorschläge, in welchem Feld man suchen könnte, oder die Möglichkeit Suchabfragen automatisch zu übersetzen. Sie können vieles davon in den Optionen an- und abschalten. Aber auch unter unseren „alten Bekannten" der Suchfunktionalitäten bietet FreeSearch durchaus Solides. Vielfältige Filter ermöglichen eine nachträgliche Einschränkung der Suche – auch wenn der einzige thematische Filter „Tags" meist weniger brauchbar ist. Eine einfache Suchhistorie ist verfügbar, ebenso wie eine Merkliste („Favorites"), die sich auf Wunsch an BibSonomy koppeln lässt. Eine erweiterte Suche gibt es zwar nicht, dafür aber eine knappe Erklärung, wie Sie die Suchmaschinen-Syntax verwenden können, um gezielt in bestimmten Felder zu suchen.

Suchoberfläche

Die umfangreichen Trunkierungsmöglichkeiten werden in der Hilfe ebenfalls angedeutet. Darunter ist eine Möglichkeit, die wir bisher so noch nicht besprochen haben: die Tilde ~ dient hier als *Ähnlichkeitsoperator*. Es werden anhand der Levenshtein-Distanz ermittelte ähnliche Begriffe mit gesucht. So findet die angegebene Beispielsuche *raymond~* auch Reymond oder Raymont. Diese Funktion ist sehr praktisch, wenn Sie den Namens eines Autors nur ungefähr wissen oder er verschieden transkribiert werden kann!

Lucene

Haben Sie nach einem Autor gesucht oder gefiltert, bietet Ihnen Free-Search oberhalb der Trefferliste einen Link zu einer *Autorenseite*. Dort finden Sie Visualisierungen seines Koautoren-Netzes und der Konferenzen, die besucht wurden, sowie Tag Clouds mit Begriffen, die für das Werk des Autors relevant sind. Alle Informationen sind verlinkt, sodass Sie leicht weitere Suchen im Sinne einer Schneeballstrategie anstoßen können.

Abb. 40: Besuchte Konferenzen auf einer Autorenseite in FreeSearch

14.4 The Collection of Computer Science Bibliographies

Hier ist der Name Programm: Die *Collection of Computer Science Bibliographies* indexiert eine Vielzahl an Informatik-Bibliographien, darunter – Sie können es sich denken – die DBLP. Außerdem sind das arXiv, RePEc, DOAJ-Articles und viele mehr enthalten, die Daten aus Citeseer[X] leider nur für die Jahre vor 2010. Unter den insgesamt 1 500 durchsuchbaren Bibliographien sind sowohl kleine, sehr spezialisierte (bis hin zu einzelnen Jahrgängen einer bestimmten Zeitschrift), als auch Auszüge aus Bibliographien ganz anderer Fächer, beispielsweise aus PubMed, der wichtigsten medizinischen Datenbank. Die Collection existiert bereits seit 1993 und umfasst insgesamt über drei Millionen Datensätze.

Zusätzlich verzeichnet die Collection Links zu weiteren Bibliographien, die nicht mit durchsucht werden können und dient damit als eine Art DBIS für frei zugängliche Informatik-Quellen – wenn auch bei weitem weniger übersichtlich als DBIS.

Praktisch ist die Anzeige der Top-Ten-Bibliographien für Ihre Suchabfrage unterhalb der Trefferliste – dort lohnt es sich oft gezielt weiter zu recherchieren, gerade weil einige Bibliographien in der Collection längere Zeit nicht mehr aktualisiert worden sind, wie Citeseer^X oder RePEc. Auf den Informationsseiten zu den einzelnen Bibliographien finden Sie nicht nur einen Link zur Originalressource, sondern zusätzlich einige statistische Angaben, wie den Umfang oder die letzte Aktualisierung der Daten. Viele der Bibliographien haben allerdings keine eigene Suchoberfläche, sondern sind .bib-Dateien, die Informatiker aus aller Welt zur Collection beigetragen haben und regelmäßig ergänzen

Die Oberfläche selbst präsentiert sich eher von der schlichten, zweckmäßigen Seite. Technisch nutzt die Collection, wie FreeSearch, Lucene. Sie können daher die oben beschriebene Suchsyntax anwenden. Achtung: Mehrere Suchwörter werden mit OR verknüpft, mit einem + vor einem Wort können Sie erzwingen, dass dieses in den Treffern enthalten ist.

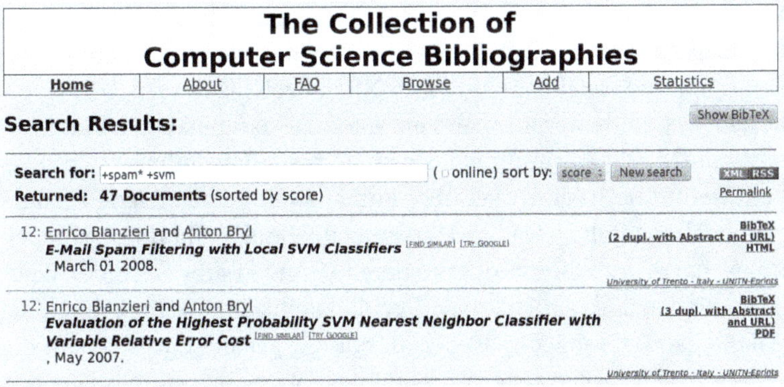

Suchoberfläche

Abb. 41: Trefferliste in der Collection of Computer Science Bibliographies

Aufgrund der unterschiedlichen Quellen ist klar, dass die Qualität und der Umfang der Metadaten sehr heterogen ist. Abstracts und Links zum Volltext sind nicht immer enthalten. Allerdings wird dies durch die übersichtliche Präsentation in der Trefferliste gut aufgefangen: Sie sehen immer, woher ein Treffer stammt und können sich ähnlich wie bei Google Scholar verschiedene Versionen übersichtlich untereinan-

Export

der anzeigen lassen. Dies macht die Collection zur wohl umfangreichsten Quelle für BιвTᴇX-Einträge!

Da auch viele Dokumentenserver durchsucht werden und andere Quellen für graue Literatur, darunter das arXiv, ist die Collection of Computer Science Bibliographies gut geeignet, um Technical Reports und Ähnliches zu finden.

15 Nachschlagewerke – Wikipedia und mehr

Wikipedia

Vielleicht kein anderes Medium hat sich so nachhaltig durch das Internet verändert wie Enzyklopädien und Lexika. Nachgeschlagen wird heutzutage bei Wikipedia! Zwar gibt es in den meisten Bibliotheken noch gedruckte Ausgaben von Brockhaus und Co, doch benutzt werden diese kaum mehr.

Die Vorteile der Wikipedia liegen auf der Hand: aktueller, schneller, einfacher. Die Nachteile sind ebenfalls hinreichend bekannt: Durch die kooperative Erstellung schwankt die Qualität der einzelnen Wikipedia-Artikel erheblich. Oft sind die Aussagen nicht hinreichend belegt, es gibt keine wirkliche inhaltliche Kontrollinstanz, wie dies bei traditionellen Enzyklopädien der Fall ist. Die Autoren sind weitgehend unbekannt und verbergen sich hinter Nutzernamen oder IP-Adressen.

Haben Sie daher ein kritisches Auge, wenn Sie für eine Arbeit die Wikipedia zu Rate ziehen. Die Reiter „Versionen" und „Diskussion" eines Artikels sind nützlich bei der Beurteilung, wer die Autoren einer Seite sind und welche inhaltlichen Differenzen bis hin zu „Edit Wars" bestehen. Gerade wenn jemand ein Interesse daran haben könnte, ein bestimmtes Bild zu vermitteln, seien Sie besonders aufmerksam. Dies betrifft zum Beispiel Artikel über Firmen oder kommerzielle Produkte, an denen oft die jeweilige Marketingabteilung nicht unerheblichen Anteil hatte. Aus diesen oder anderen Gründen gibt es in der Wikipedia tendenziöse Artikel. Viele Unzulänglichkeiten werden durch die Wikipedianer zwar zügig wieder rückgängig gemacht, aber so gut die kooperative Arbeit meistens funktioniert, verlassen können Sie sich darauf nicht.

Zitieren

Zitate aus Lexikonartikeln werden in einer wissenschaftlichen Arbeit im Allgemeinen nicht notwendig sein (vgl. Abschnitt 19.1). Wenn Sie die Wikipedia aber doch einmal zitieren möchten, sollten Sie die unter „Werkzeuge" in der linken Spalte verfügbare *Zitierhilfe* verwenden, die Ihnen unter anderem einen Permalink zur konkreten Version der Seite bietet. Da viele Dozenten das Zitieren aus der Wikipedia prinzipiell ablehnen, sollten Sie vorher klären, ob solch ein Zitat in Ihrer Arbeit akzeptiert wird.

Trotz dieser Einschränkung: Zum Einlesen, für einen ersten Überblick, aber auch für erste Literaturhinweise ist die Wikipedia sehr hilfreich. Nutzen Sie bevorzugt die englischsprachige Version, die mehr und häufig ausführlichere Artikel enthält. Kategorienseiten und sogenannte Portalseiten – wie das Portal Informatik in der deutschen oder speziellere zu Robotics oder Artificial Intelligence in der englischen Wikipedia – bieten gute Einführungen und leiten Sie zu zentralen Artikeln. Besonders gute Artikel werden als „herausragend" oder „lesenswert" gekennzeichnet, hier finden Sie meist auch ausführliche Quellen- und Literaturhinweise.

Für das Auffinden von passenden Suchbegriffen vor einer Recherche bietet sich die Wikipedia ebenfalls an. Im einleitenden Abschnitt werden oft Synonyme genannt, aber auch Ober- und Unterbegriffe und Übersetzungen lassen sich gut herausfinden.

Unter den vielen Projekten der Wikimedia Foundation seien *Wiki-Books* und die *Wikiversity* hervorgehoben, die mit ihren kostenfreien, gemeinschaftlich erstellten Lehrbüchern bzw. Online-Kursen manch interessante Hilfe für das Studium bereithalten.

Aber auch andere *Allgemeinenzyklopädien* sind längst im Internetzeitalter angekommen: wenn Ihre Bibliothek den Brockhaus oder die Encyclopædia Britannica online lizenziert hat, schlagen Sie auch dort mal nach. Gerade bei allgemeineren Begriffen ist der Brockhaus manchmal ausführlicher und bietet bessere Hinweise auf weiterführende Literatur als die Wikipedia.

**Fachliche
Nachschlagewerke**

Nachschlagewerke wie beispielsweise die „Encyclopedia of Machine Learning" oder das „Handbook of Image and Video Processing" zu speziellen Informatik-Themen finden Sie im OPAC. Die DBLP führt Enzyklopädien und Handbücher als eigene Liste. Sie erscheinen meist als gedruckte oder elektronische Bücher bei renommierten wissenschaftlichen Verlagen und bieten wissenschaftlich tiefgehende und ausführliche Informationen, die über eine Allgemeinenzyklopädie weit hinausgehen. Ähnlich wie Surveys eignen sie sich zur Einarbeitung und als Ausgangspunkt für eine Literaturrecherche sehr gut.

Die im Netz frei zugängliche *Enzyklopädie der Wirtschaftsinformatik* ist sehr empfehlenswert. Seit Kurzem mit einer modernen Oberfläche versehen, finden Sie hier Stichwort-Artikel, die ausnahmslos von Wissenschaftlern geschrieben und namentlich gekennzeichnet sind. Die Zitierfähigkeit ist daher sichergestellt. Neben einer Suche gibt es auch einen Browsing-Einstieg. Literaturhinweise und das Datum der letzten Aktualisierung ergänzen die Artikel und zeigen, wie eine moderne Enzyklopädie aussehen kann.

16 Recherche in verwandten Disziplinen

Interdisziplinäre Themenstellungen sind in der Informatik sehr verbreitet. Als junge Wissenschaft, die ihre Wurzeln einerseits in der Mathematik, andererseits in der Elektrotechnik hat, sind die Berührungspunkte zu diesen benachbarten Fächern immer noch stark. Darüber hinaus: Eine wissenschaftliche Disziplin, in der die Informatik keine Anwendungen hat, gibt es kaum noch.

Brauchen Sie Literatur außerhalb der Informatik, ist DBIS das Hilfsmittel, um die wichtigsten Datenbanken zu identifizieren. Für vier ausgewählte Disziplinen geben wir hier einen kurzen Überblick über Publikationskultur und wichtige Suchinstrumente – für einen tiefer gehenden Einstieg seien die entsprechenden Bände aus der Reihe „Erfolgreich recherchieren" empfohlen.

16.1 Mathematik

Bei im Wesentlichen ähnlichem Publikationsverhalten sind im Unterschied zur Informatik Konferenzen in der Mathematik meist einem weniger rigorosen Review-Verfahren unterworfen und spielen nicht die zentrale Rolle. Deswegen ist die Abdeckung von Web of Science und Scopus besser, als dies für die Informatik der Fall ist.

Der Stellenwert der wissenschaftlichen Monographien ist dagegen eher höher, diese bieten oft einen Überblick auch zu aktuellen Themen. Sie eignen sich daher sehr gut als Einstieg in ein Thema.

Die wichtigsten Suchinstrumente für mathematische Literatur haben wir bereits kennengelernt: Hervorzuheben sind die Fachbibliographien *Zentralblatt MATH* und *MathSciNet*, deren Abdeckung kaum Wünsche offen lässt. Scopus und Web of Science indexieren ebenfalls die wichtigsten Zeitschriften und bieten höheren Suchkomfort. Das *arXiv* hat sich für viele Mathematiker zur Preprint-Plattform schlechthin entwickelt, daneben gibt es noch etliche kleinere fachliche Repositorien.

vifamath

Die virtuelle Fachbibliothek Mathematik *vifamath* ist ein Portal, das von der SUB Göttingen und der TIB Hannover in Zusammenarbeit mit dem FIZ Karlsruhe betreut wird. Durchsuchbar sind die Fachausschnitte der Kataloge der beiden Bibliotheken, das arXiv, die OLC Mathematik/Informatik, sowie das Zentralblatt MATH. Relevante Webseiten werden im MathGuide verzeichnet und ebenfalls in die Suche integriert. Damit bietet die vifamath eine umfassende Metasuche über die wichtigen Quellen der Mathematik. Ein Browsing-Einstieg über die MSC ergänzt das Angebot.

16.2 Wirtschaftswissenschaften

Die Bedeutung der Wirtschaftsinformatik ist über die letzten Jahre und Jahrzehnte stark angewachsen, aber auch andere Themen in der Informatik haben häufig einen Bezug zur Betriebs- oder Volkswirtschaft. Die Arbeits- und Publikationskultur der Wirtschaftsinformatiker entspricht oft eher den wirtschaftswissenschaftlichen Gepflogenheiten.

Während in der Informatik praktisch gar nicht deutsch publiziert wird, ist dies in den Wirtschaftswissenschaften durchaus üblich, wenn auch auf dem Rückzug. Ebenso geht die Bedeutung von Buchveröffentlichungen zugunsten von Zeitschriftenartikeln zurück. Rankings von Zeitschriften kommt eine höhere Bedeutung zu, als diesen in der Informatik beigemessen wird. In Deutschland hat sich das Ranking des Handelsblatts für die VWL etabliert, in der BWL das VHB-JOURQUAL. Veröffentlichte Konferenzbeiträge sind von untergeordneter Wichtigkeit.

Die fachübergreifenden Datenbanken Web of Science und Scopus umfassen wirtschaftswissenschaftliche Literatur breit. Bei Web of Science sollten Sie aber darauf achten, den „Social Sciences Citation Index" mit zu durchsuchen, wenn Ihre Einrichtung dafür eine Lizenz hat. An mancher technischen Universität oder Hochschule ist nur der „Science Citation Index" lizenziert, dann müssen Sie unbedingt zusätzlich auf andere Quellen zugreifen. Beachten Sie insbesondere, dass in beiden nicht-englische Inhalte unterrepräsentiert sind.

Daneben enthält auch die TEMA mit der Datenbank *BEFO* (Betriebsführung und -organisation) (betriebs-)wirtschaftliche Literatur mit Bezug zu Technik. Mit RePEc haben wir bereits die wichtigste Quelle für „Working Papers" kennengelernt.

Es lohnt sich in jedem Fall abseits der bisher vorgestellten Suchinstrumente spezielle Wirtschaftsdatenbanken zu durchsuchen. Im deutschsprachigen Bereich ist *WISO* sehr empfehlenswert; dort sind **WISO** wirtschafts- und sozialwissenschaftliche Themen breit abgedeckt, allein über sechs Millionen Datensätze zu Wirtschaftswissenschaften sind verzeichnet. Auch nicht-deutschsprachige Literatur ist in WISO enthalten. Englischsprachige Literatur finden Sie unter anderem in der *IBSS* (International Bibliography of the Social Sciences). **IBSS** Die Datenbank *Business Source Complete* enthält rund 3 300 Zeitschriften im Volltext und bibliographische Daten weiterer Zeitschriften, **BSC** darüber hinaus Firmendaten, Statistiken und Reports. Es gibt drei Lizenzmodelle für die Datenbank (Elite, Premier, Complete), die unterschiedlichen Umfang haben.

EconLit

Für volkswirtschaftliche Fragestellungen bietet sich *EconLit* an, deren Schwerpunkt auf englischsprachiger Literatur liegt. Sie wird von der American Economic Association angeboten und enthält weit über eine Million Datensätze, darunter die Daten aus RePEc.

EconBiz

Was die TIB für die technischen Fächer ist, ist hier die *Zentralbibliothek für Wirtschaftswissenschaften* (ZBW), die mit *EconBiz* ein empfehlenswertes Suchportal anbietet.

16.3 Ingenieurwissenschaften – Elektrotechnik und Maschinenbau

In den Ingenieurwissenschaften, insbesondere in manchen Bereichen des Maschinenbaus, sind deutschsprachige Veröffentlichung durchaus noch üblich. Die *TEMA* ist daher als erster Anlaufpunkt für Literaturrecherchen für alle Fragestellungen mit ingenieurwissenschaftlichem Bezug sehr geeignet. Als Ergänzung bietet sich

Compendex

Compendex, der Computerized Engineering Index, an, der in Deutschland aber nur von wenigen Hochschulen angeboten wird. Mit über neun Millionen Einträgen ist Compendex die wohl umfangreichste Datenbank im technischen Bereich.

Für die Elektrotechnik sind die Veröffentlichungen von IEEE von zentraler Bedeutung und daher *IEEE Xplore* eine gute Quelle, ebenso wie *Inspec*, zu deren Kerninhalten Elektrotechnik zählt.

Eine Recherche in Web of Science oder Scopus ist ebenfalls zu empfehlen, achten Sie aber darauf, dies mit obengenannten Suchinstrumenten zu ergänzen, damit Ihnen deutschsprachige Artikel und manche Konferenzbeiträge nicht entgehen. Haben Sie in WoS keinen Zugang zum Conference Proceedings Index, gilt dies ganz besonders.

16.4 Psychologie und Sozialwissenschaften

Monographien und insbesondere Sammelbände spielen in diesen Disziplinen meist eine größere Rolle als in den bisher betrachteten Fächern, aber ein wichtiger Teil der Forschungsergebnisse wird auch als Zeitschriftenartikel veröffentlicht. Das Peer-Review ist zwar durchaus verbreitet, viele Zeitschriften arbeiten aber auch mit Editorial-Review.

Web of Science und Scopus sind wie für die Wirtschaftswissenschaften geeignete Quellen – wenn Sie bei WoS Zugriff auf den Social
Sciences Citation Index haben.

Für die Sozialwissenschaften bieten sich die bereits erwähnten Da-
tenbanken *WISO* und *IBSS* an, darüber hinaus sind die *Sociological*   **Sociological Abstracts**
Abstracts ein Standard-Suchinstrument.

Für die Psychologie seien Ihnen insbesondere *PsycINFO* für eng-   **PsycINFO**
lischsprachige und *PSYNDEX* für deutschsprachige Literatur ans Herz   **PSYNDEX**
gelegt. Beides sind umfassende Fachbibliographien, die mit dem *The-*
saurus of Psychological Index Terms erschließen und daher präzise thematische Recherchen erlauben.

Informationen weiterverarbeiten

Sie haben in den ersten beiden Teilen eine Fülle von Suchinstrumenten kennengelernt, mit deren Hilfe Sie Literatur finden können. Damit ist ein erster, wichtiger Schritt auf dem Weg zur eigenen wissenschaftlichen Arbeit getan. Wie geht es danach weiter?

Zunächst müssen Sie sicherstellen, dass die Literatur, die Sie verwenden und zitieren, wissenschaftlichen Standards entspricht. Das sprichwörtliche „Standing on the shoulders of giants" funktioniert nur, wenn Sie Riesen von unwissenschaftlichen Zwergen unterscheiden können. Im ersten Abschnitt beschäftigen wir uns daher mit formalen Bewertungskriterien für Literatur. Anschließend geht es darum, wie Sie Ihre bibliographischen Daten am effektivsten weiterverarbeiten – ein Literaturverwaltungsprogramm ist hier das Mittel der Wahl, um den Überblick zu behalten. Wenn Sie wissen, was Sie lesen möchten, müssen Sie sich die Dokumente besorgen. Viele Suchinstrumente enthalten keine direkten Links zum Volltext oder zu einer Bestellmöglichkeit: Die Beschaffung ist in diesen Fällen separat durchzuführen. Abschließend verlassen wir die Welt der Literaturrecherche und beschäftigen uns mit dem Zitieren und dem Erstellen eines Literaturverzeichnisses.

17 Treffer bewerten, exportieren und verwalten

Wie Sie mit zu vielen oder zu wenigen Treffern umgehen, haben Sie in Abschnitt 5.1 gelesen – wie Sie mit den thematisch relevanten Treffern weiterarbeiten, erfahren Sie in diesem Kapitel.

17.1 Bewerten

Es gibt gute Gründe, warum Sie Ihre Trefferlisten über die Relevanz hinaus filtern sollten: Alles, was Sie verwenden, muss wissenschaftlichen Ansprüchen entsprechen, das heißt zitierwürdig sein. Mit Literatur, die diesem Kriterium nicht genügt, brauchen und sollen Sie sich nicht weiter beschäftigen. Vielleicht haben Sie auch einfach zu viele Treffer erhalten und möchten möglichst zeitunaufwendig eine Auswahl unter mehreren ähnlichen Dokumenten treffen.

Gerade durch die Fülle an Informationen, auf die wir heute zugreifen können, ist die Bewertung zu einer anspruchsvollen Aufgabe geworden: Googeln Sie, so finden Sie den Artikel aus einer renommierten wissenschaftlichen Zeitschrift neben dem Blogartikel eines Schülers.

Ein kritisches Auge ist daher besonders bei Ergebnissen aus dem Internet wichtig.

Wohl gemerkt: Es geht in diesem Abschnitt nicht darum, zu beurteilen, ob die Literatur, die Sie gefunden haben, inhaltlich richtig und wichtig ist. Dies können Sie ohnehin nur durch gründliche Lektüre feststellen.

Wir beginnen mit Kriterien, die Sie sich an die *meisten Dokument-typen* anlegen können. Sie brauchen nicht bei jedem Dokument alle akribisch zu kontrollieren, behalten Sie sie aber im Hinterkopf: Wenn Sie bei einer Publikation im Zweifel sind, helfen sie Ihnen, diese systematisch zu überprüfen.

Allgemeine Kriterien

– **Autor.** Ist der Autor Professor oder Mitarbeiter einer Universität oder eines Forschungsinstituts? Welchen Abschluss oder Titel von welcher Universität trägt er? Hat er bereits mehr zu diesem Thema veröffentlicht?
  Rufen Sie hierzu seine Homepage auf, schlagen Sie seine Publikationsliste in der DBLP nach oder suchen Sie in einer Zitationsdatenbank, ob und wie oft der vorliegende oder ein ähnlicher Artikel von anderen zitiert wurde.
– **Aktualität.** Wann wurde das Dokument veröffentlicht?
  Ältere Literatur ist zwar nicht unbedingt schlechter oder die Erkenntnisse darin falsch, trotzdem sollten Sie darauf achten, dass Sie den aktuellen Stand der Forschung zitieren. Hier können Zitationsdatenbanken helfen, neuere Ergebnisse zu finden. Wie weit in die Vergangenheit Sie gehen können und müssen, hängt auch sehr stark vom Fachgebiet ab. Als Faustregel gilt: je angewandter, desto aktueller.
– **Wissenschaftlichkeit.** Werden die Aussagen hinreichend bewiesen oder durch Zahlen untermauert? Gibt es ein Literaturverzeichnis und wird korrekt zitiert?
  Dieselben Kriterien an Wissenschaftlichkeit, die an Ihre Arbeit angelegt werden, sollten Sie bei allen Ihren verwendeten Quellen anlegen. Ihre Arbeit kann nur so fundiert sein, wie die Literatur, auf der sie aufbaut.
– **Zielgruppe.** Für wen ist das Dokument geschrieben? Wendet es sich an ein wissenschaftliches Publikum?
– **Verlag.** Bei welchem Verlag ist die Publikation erschienen?
  Bei den großen wissenschaftlichen Verlagen (Elsevier, Wiley, Springer, CRC Press ...) aber auch bei renommierten Universitätsverlagen (Cambridge, Oxford ...) und Fachgesellschaften (ACM, IEEE, GI ...) finden Sie fast durchweg hohe Qualität, sowohl bei Büchern als auch bei Zeitschriften.

Qualitätssicherung

Der Verlag kann insbesondere ein Hinweis darauf sein, ob und wie die Publikation vor der Veröffentlichung bereits eine *Qualitätssicherung* durchlaufen hat. Bei den meisten Verlagen wird dies durch Lektoren und bei Schriftenreihen durch den Herausgeber gewährleistet. Anders ist es bei Büchern aus *Print-On-Demand-Verlagen*, die eingesandte Manuskripte ungeprüft nach Bedarf drucken. Dort finden Sie von der erstklassigen Dissertation über gedruckte Schulungsunterlagen bis zur mittelmäßigen Seminararbeit alles. Teilweise werden sogar Wikipedia-Artikel in Buchform verkauft. Hier hilft, wo möglich, ein Blick ins Inhaltsverzeichnis oder auf die Verlagsseite. Auch eine Recherche im KVK kann helfen: Ist der Titel in Deutschland in nur sehr wenigen Bibliotheken vorhanden, sollten Sie vorsichtig sein. Bei *Hochschulschriften* können Sie versuchen beispielsweise in BASE oder per Google den Titel online zu finden. Häufig sind diese neben der gedruckten Ausgabe auch elektronisch über einen Dokumentenserver verfügbar.

Peer-Review

Das *Peer-Review* ist die wichtigste Qualitätssicherung für Artikel in den STM-Fächern. Nach dem Einsenden des Artikels bei einer Zeitschrift oder Konferenz wählen die Herausgeber (neudeutsch: Editoren) einen oder mehrere unabhängige Wissenschaftler als *Gutachter* aus, die den Artikel lesen und beurteilen, ob seine Qualität der Zeitschrift oder Konferenz entspricht. Damit verbunden sind oft Verbesserungsvorschläge stilistischer oder inhaltlicher Art an die Autoren. Über die endgültige Annahme oder Ablehnung entscheiden die Herausgeber. Beim *Double-Blind-Review* kennen Gutachter und Autoren ihre Identitäten wechselseitig nicht, um Voreingenommenheit zu unterbinden.

Das Peer-Review-Verfahren steht aus den unterschiedlichsten Gründen immer wieder in der Kritik: Es fördere wissenschaftlichen Mainstream, Reviews würden teilweise unsorgfältig durchgeführt und es verzögert die Zeit bis zur Publikation. Manche Zeitschriften versuchen, *Open-Peer-Review-Verfahren* zu etablieren, bei denen jeder Wissenschaftler einen Artikel auf der entsprechenden Webseite bewerten und kommentieren kann.

Spezielle Kriterien

Für einzelne Dokumenttypen gibt es noch weitere spezielle Kriterien, auf die Sie achten können:

- **Zeitschriftenartikel.** Handelt es sich um eine *wissenschaftliche Zeitschrift*? Arbeitet sie mit Peer-Review? Hat sie einen Impact Factor?

Impact Factor

Der *Impact Factor* misst die durchschnittlichen Zitationen je Artikel einer Zeitschrift in einem bestimmten Jahr. Er wird von Thomson Reuters anhand der Daten aus Web of Science ermittelt. Für den Impact Factor 2011 wird dabei gezählt, wie oft Artikel, die in den Jahren 2009 und 2010 erschienen sind, im Jahr 2011 zitiert worden sind und dies durch die Anzahl der Artikel aus diesen beiden Jahren dividiert. Den Impact Factor können Sie im *Journal Citation Report* nachschlagen. Bedenken Sie zweierlei:

- Je nach Disziplin unterscheidet sich das *Zitationsverhalten*, insbesondere der Umfang der Literaturverzeichnisse, stark – der Impact Factor ist daher nur innerhalb einer (Teil-)Disziplin vergleichbar.

- Der Impact Factor sagt *nichts* über die Anzahl der Zitationen eines konkreten Artikels aus, er bewertet ausschließlich *Zeitschriften*.

Oft hilft ein Blick auf die Homepage der Zeitschrift weiter, dort sollte der Review-Prozess beschrieben sein. Etwas vorsichtig sollten Sie sein, wenn Sie dort einen Zusammenhang mit einer *Firma* erkennen. Das muss nicht heißen, dass die Artikel unwissenschaftlich sind, aber Sie sollten aufmerksamer sein und mit einer gewissen Voreingenommenheit der Artikel gegenüber den Produkten der Firma rechnen. Ein schlechtes Zeichen ist es auch, wenn immer dieselben Autoren veröffentlichen, zumal, wenn diese alle von derselben Uni oder aus demselben Land kommen oder sogar gleichzeitig Herausgeber der Zeitschrift sind.

- **Kongressbeiträge.** Auch hier sollten Sie darauf achten, dass ein Review-Verfahren durchgeführt wurde und wie hoch die *Annahmequote* lag. Hochrangige Konferenzen akzeptieren oft nur zehn oder zwanzig Prozent der eingereichten Artikel. Ein gutes Zeichen ist es, wenn der Kongress einen renommierten *Veranstalter* (Fachgesellschaft, Universität) hat und der Band in einer einschlägigen *Schriftenreihe* wie den LNCS erschienen ist. Im Vorwort des Tagungsbandes finden Sie neben all diesen Informationen auch, wer die Organisatoren, Reviewer und Sprecher der „invited talks" waren. Bekannte Namen und Internationalität sind hier gute Zeichen.

- **Internetquellen.** Das können Blogartikel, Forenbeiträge oder andere Webseiten sein. Schon um korrekte Metadaten zum Zitieren zu erhalten, sollten Sie nach einem *Impressum* oder anderen Angaben über die Betreiber der Webseite Ausschau halten. Gut ist, wenn sie zu einer Universität oder Forschungseinrichtung gehört. Wann wurde sie erstellt, wann aktualisiert? Wer hat die Inhalte geschrieben? Zu welchem Zweck wird die Webseite betrieben? Wie objektiv sind die Inhalte? Wollen Sie beispielsweise über die Kontroverse zwischen der Free Software Foundation und der Open Source Bewegung schreiben, können Sie sich nicht nur auf die Darstellung auf http://www.fsf.org stützen.

17.2 Exportieren und Verwalten

Damit Sie die Übersicht behalten und Doppelarbeit vermeiden, ist es wichtig, dass Sie während und nach Ihrer Recherche die Ergebnisse für sich dauerhaft verfügbar machen.

Merkliste

Zunächst können Sie in vielen Datenbanken eine *Merkliste* generieren, in der Sie relevante Treffer sammeln. Dies ist insbesondere dann hilfreich, wenn Sie mit einer Schneeballstrategie arbeiten oder mehrere Suchabfragen absetzen. Haben Sie auf diese Weise „Ihre" Treffer gesammelt, bieten Ihnen die meisten Oberflächen mehrere Optionen an, diese weiterzuverarbeiten.

Drucken
Mailen

Drucken und *Mailen* sind einfache Möglichkeiten, die Daten bei sich zu archivieren, aber für die Weiterverarbeitung der Daten sind sie weniger gut geeignet. Viele Anbieter ermöglichen es, die Merkliste dauerhaft abzuspeichern, wenn Sie sich einen Account auf der Suchoberfläche anlegen. Das Problem dabei ist: Sie suchen wahrscheinlich nicht nur in einer Datenbank, sondern in mehreren. Eine solche dezentrale Datenhaltung kann dann schnell unübersichtlich werden. Hier bietet sich die Verwendung einer *Literaturverwaltung* an.

Literaturverwaltung

Was früher klassisch mit Zettelkästen praktiziert wurde, erledigt man heute schneller und komfortabler mit einer passenden *Software* wie EndNote oder Citavi. Tipps, welches Programm für Sie geeignet ist, finden Sie in Abschnitt 19.5. Allen gemeinsam ist, dass sie Ihnen ein unverzichtbares Hilfsmittel bei der Literaturrecherche und darüber hinaus sind. Sie können die gefundene Literatur in Ordnern oder mit Hilfe von Kategorien *strukturieren* und sie verschlagworten sowie mit Anmerkungen und Bewertungen versehen. Darüber hinaus gibt es die Möglichkeit *Zitate abzuspeichern*, die zugehörigen *PDFs zu verwalten* und zu annotieren – Sie können also ganz ähnliche Funktionen nutzen, die Sie von der Verwaltung Ihrer Musiksammlung oder Ähnlichem bereits kennen. So behalten Sie komfortabel den Überblick über Ihre Literatur!

Export

Die Metadaten von Büchern und Artikeln lassen sich aus vielen der bisher vorgestellten Suchinstrumente bequem in eine Literaturverwaltung *exportieren*. Oft werden hierfür spezielle Funktionen angeboten, beispielsweise die Möglichkeit Trefferlisten oder Merklisten in mehreren Dateiformaten herunterladen zu können. Dabei ist sicher auch eines, das Ihre Literaturverwaltung importieren kann.

Dateiformate

Neben den jeweils programmeigenen Formaten, gibt es das Format .ris, das viele Programme verarbeiten können. Auch das LaTeX-Nutzern bekannte .bib-Format ist oft geeignet. Viele Literaturverwaltungen

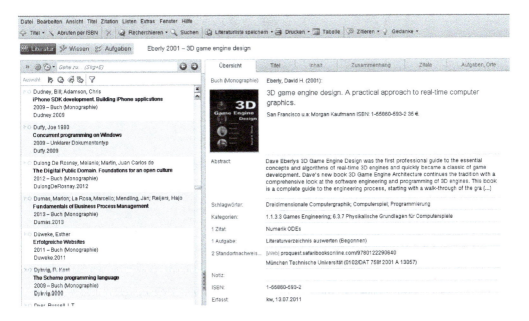

Abb. 42: Literaturverwaltungsprogramm Citavi

bringen auch ein eigenes *Browser-Add-On* mit, das Ihnen den Import von Daten noch weiter vereinfacht.

Viele Literaturverwaltungsprogramme wie Citavi, EndNote oder JabRef bieten die Möglichkeit, aus der Literaturverwaltung heraus in bestimmten Datenbanken recherchieren zu können, ohne deren Oberfläche überhaupt aufrufen zu müssen. Vorteil dieser Methode ist, dass Sie Recherche und Ex- und Import in einem Schritt durchführen können. Teilweise können Sie sogar mehrere Datenbanken parallel durchsuchen. Nachteilig ist, dass die Suchmöglichkeiten gegenüber der Weboberfläche sehr stark eingeschränkt sind. Für eine ausgefuchste Recherche eignet sich dies daher nicht. Bei lizenzpflichtigen Datenbanken müssen Sie erst eine *Lizenzdatei* mit den Zugangsdaten in Ihrem Programm hinterlegen, um sich zu authentifizieren.

Empfehlenswert ist die bei Citavi, Zotero oder anderen Programmen vorhandene Möglichkeit, Daten anhand der *ISBN* oder *DOI* zu übernehmen. Hierzu geben Sie nur den entsprechenden Identifier an, die Daten holt sich das Programm automatisch. In den Einstellungen können Sie auswählen, aus welchen Datenbanken die Metadaten importiert werden sollen. Nehmen Sie sich etwas Zeit, dies zu konfigurieren, und bevorzugen Sie Bibliothekskataloge und Fachbibliographien, die bessere, konsistentere Metadaten bieten als beispielsweise Google Scholar oder Online-Buchhändler.

Suche aus der Literaturverwaltung heraus

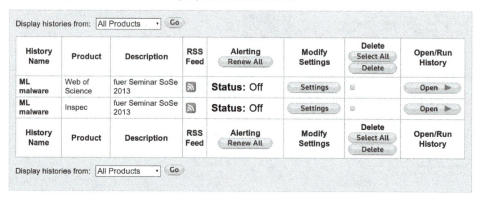

Open / Manage Saved Searches
<< Back

Open from the Web of Knowledge Server

Use this box to open histories that were saved to your private account on our server.

Display histories from: [All Products ▾] [Go]

History Name	Product	Description	RSS Feed	Alerting [Renew All]	Modify Settings	Delete [Select All] [Delete]	Open/Run History
ML malware	Web of Science	fuer Seminar SoSe 2013	🔲	**Status: Off**	[Settings]	☐	[Open ▶]
ML malware	Inspec	fuer Seminar SoSe 2013	🔲	**Status: Off**	[Settings]	☐	[Open ▶]
History Name	Product	Description	RSS Feed	Alerting [Renew All]	Modify Settings	Delete [Select All] [Delete]	Open/Run History

Display histories from: [All Products ▾] [Go]

Abb. 43: Abgespeicherte Suchhistorien im Web of Knowledge

Suchhistorie abspeichern

Neben Ihren Trefferlisten sollten Sie wenn möglich auch Ihre *Such-historie abspeichern*. Dies erlaubt Ihnen später auf einen Klick die Re-cherche ein weiteres Mal durchzuführen. Warum Sie das tun sollten? Dafür gibt es (mindestens) zwei gute Gründe:

– Die Datenbank hat sich verändert! Konferenzen haben stattgefun-den, Artikel sind erschienen, kurz: Die Trefferliste wächst im Laufe der Zeit. Sortieren Sie sie nach Erscheinungsdatum oder, noch bes-ser, nach dem Datum des Einfügens in die Datenbank, und Sie haben alles, was seit Ihrer letzten Suche passiert ist, ganz oben.

– Sie haben sich verändert! Sie wissen mehr über Ihr Thema, es wur-de eventuell angepasst, Sie haben woanders interessante Literatur gefunden, neue Suchbegriffe probiert, kurz: Ihre Suchabfrage hat sich geändert. Jetzt nicht wieder bei Null beginnen zu müssen, sondern die ältere Version zu modifizieren und die Ergebnisse ver-gleichen zu können, spart viel Zeit.

RSS- und E-Mail-Alerts

Je umfangreicher Ihr Projekt ist, desto wichtiger ist es, dass Sie sich über längere Zeit auf dem aktuellen Stand der Forschung halten und neu erschienene, relevante Literatur wahrnehmen und lesen. Noch komfortabler als die Suchabfrage abzuspeichern und die Suche re-gelmäßig neu durchzuführen, ist in diesem Fall die Möglichkeit, sich über neue, passende Datenbankeinträge per *E-Mail* oder *RSS-Feed* benachrichtigen zu lassen. Zitationsdatenbanken wie Web of Science und Scopus, aber auch Citeseer^X bieten zusätzlich die Möglichkeit, sich über neue Artikel, die einen vorgegebenen zitieren, benachrichtigen zu lassen. Solch ein *Citation Alert* kann für die Kernartikel oder -autoren Ihres Themas sehr sinnvoll sein.

18 Literatur beschaffen

Wenn Sie nicht gerade in einer Datenbank wie arXiv suchen, die alle Volltexte enthält, steht nach der Recherche noch die Beschaffung an: Ausleihen, Bestellen, Herunterladen. Wie kommen Sie am schnellsten an Ihr Buch oder Ihren Artikel?

18.1 Bücher

Wenden wir uns zunächst dem etwas einfacheren Fall zu: Büchern. Eine *formale Recherche im OPAC* klärt, ob Ihre Bibliothek das Buch besitzt und wie Sie es bekommen können. Steht es im sogenannten *Freihandbereich*, also dem Bereich, den Sie als Nutzer betreten können, können Sie es sich anhand der Signatur aus dem Regal holen und ausleihen oder in der Bibliothek damit arbeiten. Hat Ihre Bibliothek mehrere Standorte, so ist es meist möglich, Bücher von einem anderen Standort zu *bestellen*, zumindest wenn diese weiter als einen kurzen Laufweg auseinander liegen. Steht das Buch im *Magazin*, dem geschlossenen Bereich einer Bibliothek, den nur Mitarbeiter betreten können, ist die Bestellung über den OPAC ein Muss. Ausgeliehene Bücher können Sie sich *vormerken*. Sie bekommen sie, sobald der momentane Ausleiher sie zurückgibt.

    Suchen Sie nach einem Buch, von dem es mehrere *Ausgaben* gibt, werden Sie normalerweise die neueste Auflage bevorzugen. Aber Achtung – nicht immer bedeutet ein neueres Erscheinungsjahr im OPAC auch, dass es sich um ein „neues" Buch handelt – es kann ein *Nachdruck* sein. Dies erkennen Sie in der Vollanzeige an der Bezeichnung „Druck" oder „print" statt „Auflage" oder „edition" in der Ausgabenbezeichnung. Gerade Klassiker, wie das Buch „Design Patterns" von Erich Gamma, werden immer wieder unverändert nachgedruckt. Die Ausgaben in Abbildung 44 sind inhaltlich identisch – Sie könnten bequem zum älteren Jahrgang greifen und sich die Wartezeit durch eine Vormerkung ersparen.

Ausleihen

Bestellen

Vormerken

Auflage

Nachdruck

Abb. 44: „Design Patterns" von Erich Gamma: Nachdrucke im Online-Katalog der Bibliothek der TU München

Hat Ihre Bibliothek ein Buch nicht oder hat sich Ihr kompletter Kurs auf ein vom Dozenten empfohlenes Lehrbuch gestürzt: Teilen Sie dies der Bibliothek mit! Auf Ihre Wünsche und Bedürfnisse wird gerne eingegangen und „Ihr" Buch für die Bibliothek gekauft, wenn es die finanzielle Situation erlaubt. Vielleicht gibt es hierfür sogar ein eigenes Webformular auf der Bibliothekshomepage oder ein in der Bibliothek ausliegendes *Wunschbuch*.

Fernleihe

Ist ein Buch nicht vorhanden, ist die einfachste und billigste Lösung die *Fernleihe*. Hierzu geben Sie in Ihrem Verbundkatalog (vgl. Abschnitt 2.4) oder einem Fernleihportal eine Bestellung auf, die aus einer anderen Bibliothek an Ihre Bibliothek für Sie zur Ausleihe geliefert wird. Ist das Buch im jeweiligen Verbund nicht vorhanden, finden Sie alternativ ein Formular für die *freie Fernleihe*, in dem Sie die bibliographischen Daten selbst eintragen können, um Bücher aus anderen Verbünden zu bestellen.

über den Verbund hinaus

Bei der *verbundübergreifenden Fernleihe* sollten Sie die Metadaten sorgfältig und möglichst vollständig eintragen. Fehlen ISBN oder ISSN muss diese von einem Bibliothekar erst ergänzt werden, bevor Ihr Auftrag automatisiert weiterverarbeitet werden kann. Letztlich verlängert das die Lieferzeit, sodass Sie schon im eigenen Interesse genau sein sollten.

Es ist auch möglich, auf diese Weise ein Buch aus dem *Ausland* zu bestellen. Sie können sich sicher denken, dass dies teurer und zeitaufwendiger als eine innerdeutsche Fernleihe ist. Keine Angst – man wird Sie vorher fragen, ob Sie das wollen und Ihnen den Preis mitteilen.

Die Fernleihe ist mancherorts kostenlos, woanders bezahlen Sie eine geringe Schutzgebühr von 1,50 €. Die Lieferfristen sind unterschiedlich, je nach Verfügbarkeit des Buches. Je mehr Bibliotheken in Deutschland das Werk besitzen, desto besser sind Ihre Chancen, es innerhalb weniger Tage zu erhalten. In Einzelfällen kann eine Fernleihe aber auch zwei bis vier Wochen dauern. Eine garantierte Lieferfrist gibt es nicht.

Haben Sie es eilig, müssen Sie eventuell auf einen anderen Dienst ausweichen. Hier bietet sich *subito* an, ein *Dokumentlieferdienst*, dem viele deutsche Bibliotheken angeschlossen sind. Bei subito bestellen Sie über deren Webseite, die Lieferung des Buchs folgt per Post direkt an Sie. Bei einer Normalbestellung wird garantiert, dass das Buch nach längstens 72 Stunden abgeschickt wird. Bestellungen über subito sind mit 9 € daher deutlich teurer als eine Fernleihe. Eilige Bestellungen schlagen noch mal mit einigen Euro mehr zu Buche, werden aber innerhalb eines Tages bearbeitet.

Dokumentlieferung subito

Und wenn Sie lieber *elektronisch* lesen wollen? Fernleihe oder ähnliche Angebote gibt es nicht für E-Books, hier können Sie „nur" auf das Angebot Ihrer Bibliothek oder gegebenenfalls anderer Bibliotheken vor Ort zugreifen. Dazu müssen Sie entweder einen PC innerhalb der Räume der Bibliothek verwenden oder sich entsprechend authentifizieren.

E-Books

Sind Sie in einem Rechnerraum der Hochschule oder mit Ihrem Rechner *auf dem Campus*, so klappt der Zugriff zumeist automatisch, da der Verlag anhand der IP-Adresse erkennen kann, dass Sie zugangsberechtigt sind. In manchen Hochschulen müssen Sie zusätzlich einen Proxy verwenden. Sind Sie *außerhalb des Campus*, haben Sie die Möglichkeit, sich per VPN ins Hochschulnetz einzuloggen und E-Medien zu nutzen. Manchmal gibt es alternativ auch spezielle, rein webbasierte Zugänge, um auch in Szenarien auf E-Medien zugreifen zu können, in denen Sie kein VPN nutzen können oder wollen (Firewalls, kein VPN-Client installiert). Solche Dienste firmieren als „Web-VPN", „EZ-Proxy" oder „E-Access". Bei größeren Anbietern wie Springer oder IEEE können Sie sich auch direkt auf deren Website mit Ihrer Hochschulkennung einloggen, dieser Zugang nennt sich „Institutional Login" oder „Shibboleth". Da es sich hierbei um ein *Single-Sign-On* handelt, haben Sie damit Zugriff bei allen Anbietern, die diese Art von Authentifizierung anbieten, ohne sich erneut einzuloggen.

Authentifizierung

Auch wenn es sich um lizenzierte Bücher handelt, beachten Sie, dass der Download und das Ausdrucken von kompletten E-Books im Normalfall nicht erlaubt ist, ebenso wie Sie ein gedrucktes Buch nicht komplett scannen oder kopieren dürfen.

18.2 Artikel

Artikel als unselbstständige Werke sind entweder Teil einer Zeitschrift oder eines Buchs, typischerweise eines Konferenzbandes.

Artikel aus Büchern

Im letzten Fall können Sie also wie im letzten Abschnitt vorgehen und sich das Buch besorgen. Denken Sie daran: Die Daten des Artikels finden Sie *nicht* im OPAC oder Verbundkatalog, suchen Sie nach dem Buch. Bei der Fernleihe und subito können Sie sich alternativ auch nur eine Kopie des Artikels statt des gesamten Bandes schicken lassen. Gerade bei der Fernleihe geht das meist schneller, da die Übermittlung von Bibliothek zu Bibliothek elektronisch erfolgen kann. Sie erhalten aus urheberrechtlichen Gründen aber auch in diesem Fall letztlich Papier.

Artikel aus Zeitschriften

Um herauszufinden, ob ein bestimmter Artikel in Ihrer Bibliothek vorhanden ist, ist der Jahrgang der Zeitschrift neben ihrem Namen (oder noch besser: ihrer ISSN) eine sehr wichtige Information. Denn eine Bibliothek besitzt nicht immer alle Jahrgänge einer Zeitschrift. Im Online-Katalog ist dies mit einer Angabe wie *5.1977 - 21.1993* verzeichnet. Das bedeutet, dass die Zeitschrift von Band 5 aus dem Jahr 1977 bis zum Band 21 aus dem Jahr 1993 vorhanden ist. Ältere und jüngere Jahrgänge fehlen. Steht keine Angabe mehr hinter dem Bindestrich, ist die Zeitschrift *laufend* – die Bibliothek hat alle Jahrgänge seit dem erstgenannten.

Kopieren Scannen

Gedruckte Zeitschriftenbände können Sie sich in vielen Bibliotheken nicht ausleihen, wenn diese frei zugänglich aufgestellt sind. Und auch sonst wollen Sie vermutlich nicht den dicken Zeitschriftenband nach Hause tragen. Sie *kopieren* oder *scannen* also den Artikel. Viele Bibliotheken bieten hierfür komfortable *Buchscanner* an, mit denen Sie das zügig, in hoher Qualität und zumeist kostenlos erledigen können.

An manchen Hochschulen müssen Sie nicht selbst scannen, sondern können dies von der Bibliothek erledigen lassen. Bei dieser *internen Dokumentlieferung*, die preisgünstig oder sogar kostenlos ist, bekommen Sie den Artikel innerhalb kurzer Zeit, maximal einigen Tagen, per Mail zugeschickt.

Fernleihe

Per *Fernleihe* oder *subito* sind Zeitschriftenbände meist nicht erhältlich, hier bestellen Sie den benötigten Artikel als Kopie. Auch hier gilt: Recherchieren Sie nach der Zeitschrift, nicht nach dem Artikel, und ergänzen Sie erst bei der Bestellung Autor und Titel des Artikels, sowie Jahrgang und Heft. Bei der Fernleihe erhalten Sie ab 1,50 € eine Papierkopie, die Sie in der Bibliothek abholen können. Bei subito bekommen Sie je nach Verlag ein PDF oder Papier zugeschickt. Für die

subito

Lieferfristen und Preise gilt Ähnliches wie bei Büchern, die Kosten beginnen bei 4,50 €.

In Abschnitt 14.2 haben Sie mit *GetInfo* schon das Bestellportal der TIB kennengelernt. Die Preise sind mit denen bei subito vergleichbar. Haben Sie es ganz eilig, gibt es hier nicht nur die 24-Stunden-Bestellung wie bei subito, sondern sogar eine 3-Stunden-Bestellung. Dies lohnt sich vor allem dann, wenn der Artikel auch per E-Mail zugestellt werden kann, da ansonsten der Postweg noch hinzukommt. Drängt die Zeit noch mehr, können Sie über die Datenbank TIBScholar in GetInfo oder direkt bei den meisten Verlagen die Artikel online kaufen. Ein typischer Preis hierfür sind 30 $.

GetInfo

Gedruckte Zeitschriften, gerade für naturgemäß computeraffine Wissenschaftler wie Informatiker, werden mehr und mehr durch elektronische abgelöst. Für Sie als Bibliotheksnutzer hat das nur Vorteile: Sie müssen nicht in die Bibliothek zum Kopieren oder Scannen, sondern laden bequem und unabhängig von allen Öffnungszeiten herunter und drucken nach Wunsch aus. Auf gedruckte Zeitschriftenbände werden Sie also nur zurückgreifen, wenn Ihre Bibliothek keinen elektronischen Zugang anbietet.

E-Journals

Für den Online-Zugang gelten die obigen Bemerkungen über die *Authentifizierung* analog. Haben Sie keinen direkten Link oder über diesen keinen Zugriff, so kommen Sie über die *Elektronische Zeitschriftenbibliothek EZB* am schnellsten zum Ziel. Auf der Journal-Homepage suchen Sie dann nach Ihrem Artikel oder klicken sich durch das Archiv zum gewünschten Jahrgang und bekommen Ihr PDF. Wenn die EZB „rot" zeigt, können Sie mit Hilfe der Versionen-Funktion versuchen, ob Sie über Google Scholar, Citeseer^X oder die Collection of Computer Science Bibliographies eine kostenfrei zugängliche Version finden können. Achten Sie dann aber darauf, ob es sich nicht um eine Preprint-Version handelt, die sich inhaltlich von der Verlagsfassung unterscheiden könnte.

Zugang

Ein schneller und komfortabler Weg, der Sie aus vielen bibliographischen Datenbanken zum Volltext führt, sind sogannte *Link-Resolver* wie SFX. Durch einen Klick auf einen Button, der in allen Datenbanken gleich aussieht, kommen Sie in ein Menü, das Ihnen übersichtlich die verschiedenen Beschaffungswege aufzeigt. Ganz oben finden Sie einen direkten Link zum Volltext, darunter Links zu OPAC, EZB, subito – all die verschiedenen Wege dieses Kapitels auf einen Blick und ohne, dass Sie die Daten des gewünschten Mediums mehrfach eintippen müssen! Zudem wird das Menü von SFX mit den Daten Ihrer Bibliothek abgeglichen, sodass Ihnen kontextsensitiv nur die Dienste angeboten werden, die für Ihren Treffer sinnvoll sind. Einen Link zum Volltext

Link-Resolver

⑤S·F·X | Services für diesen Treffer

Titel: The Open Agent Architecture: A framework for building distributed software systems von Martin
Quelle: Applied artificial intelligence [0883-9514] Martin , DL , Jg. 1999 (13) , Heft 1-2 , S. 91-128

Elektronischer Volltext

Volltext bei **EBSCOhost Business Source Premier**

Year: 1999   Volume: 13   Issue: 1-2   Start Page: 91   ▶

Authentifizierungsmethode: Authentication Method: IP Checking

Bestandsinformation

Suche über **den lokalen Katalog der**

TU München/Teilbibliotheken München ▾   ▶

Suche im **Bibliotheksverbund Bayern**   ▶

Hinweis: Ausgehend von Treffern im BVB-Verbundkatalog können Sie über SFX eine Fernleihbestellung anstoßen.

Suche in **OAIster @ WorldCat** ⑤   ▶

Suche nach frei verfügbaren Volltexten auf Dokumenten-Servern.

Zeitschrift

Diese Zeitschrift bei **ulrichsweb.com**   ▶

Dokumentlieferung

Kostenpflichtige Dokumentlieferung von **Subito**   ▶

Abb. 45: Link-Resolver SFX

erhalten Sie über SFX beispielsweise nur, wenn Sie dort tatsächlich Zu-griff haben. In der Abbildung 45 führt der Link nicht auf die Homepage der Zeitschrift, sondern zur Datenbank Business Source Premier, die den entsprechenden Artikel enthält.

Vielleicht erinnern Sie sich noch: Bei Google Scholar können Sie in den Einstellungen unter „Bibliothekslinks" nach Ihrer Bibliothek su-chen und einen SFX-Link in die Suchergebnisse einblenden lassen.

Link-Resolver basieren auf dem *openURL*-Standard für bibliographische Daten, die per *COinS* in Webseiten eingebettet werden. COinS ist in vielen Webseiten beispielsweise der Wikipedia integriert. Sie können auch dort SFX für sich nutzbar machen, wenn Sie ein entsprechendes *Browser-Add-On* wie „OpenURL Referrer" für Firefox installieren und die SFX-URL Ihrer Bibliothek in den Einstellungen eintragen.

19 Zitieren und Literaturverzeichnis

In diesem Kapitel gehen wir darauf ein, wie Sie Literatur in Ihre eigene Arbeit integrieren und zitieren. Dies hat einerseits inhaltliche Aspek-te (Warum und was zitiert man?) und andererseits technische Aspekte (Wie kann man ein Literaturverzeichnis und die Kurzbelege möglichst

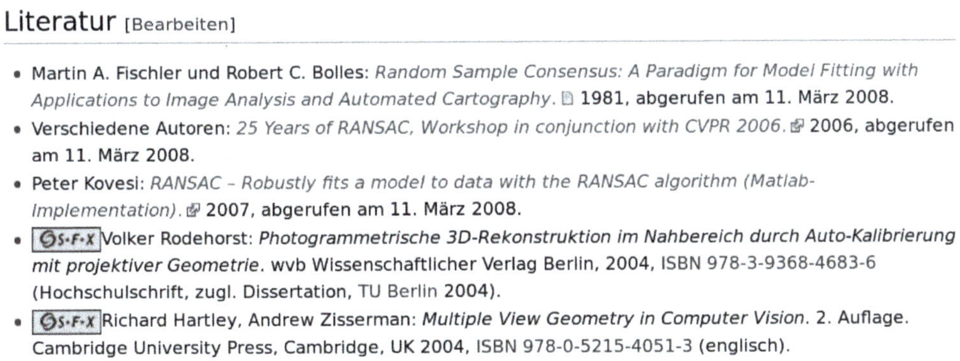

Literatur [Bearbeiten]

- Martin A. Fischler und Robert C. Bolles: *Random Sample Consensus: A Paradigm for Model Fitting with Applications to Image Analysis and Automated Cartography.* ▭ 1981, abgerufen am 11. März 2008.
- Verschiedene Autoren: *25 Years of RANSAC, Workshop in conjunction with CVPR 2006.* ▭ 2006, abgerufen am 11. März 2008.
- Peter Kovesi: *RANSAC – Robustly fits a model to data with the RANSAC algorithm (Matlab-Implementation).* ▭ 2007, abgerufen am 11. März 2008.
- Ⓢ·F·X Volker Rodehorst: *Photogrammetrische 3D-Rekonstruktion im Nahbereich durch Auto-Kalibrierung mit projektiver Geometrie.* wvb Wissenschaftlicher Verlag Berlin, 2004, ISBN 978-3-9368-4683-6 (Hochschulschrift, zugl. Dissertation, TU Berlin 2004).
- Ⓢ·F·X Richard Hartley, Andrew Zisserman: *Multiple View Geometry in Computer Vision.* 2. Auflage. Cambridge University Press, Cambridge, UK 2004, ISBN 978-0-5215-4051-3 (englisch).

Abb. 46: Link-Resolver SFX per openURL im Wikipedia-Artikel „RANSAC-Algorithmus"

effizient erstellen?) Unabhängig davon, ob Sie mit LaTeX oder einem Textverarbeitungsprogramm schreiben, ein Literaturverwaltungsprogramm nimmt Ihnen hierbei viel Arbeit ab.

19.1 Warum und was zitieren?

Während Sie an Ihrer Arbeit schreiben, lesen Sie Artikel und andere Texte von Wissenschaftlern, deren Erkenntnisse Sie in Ihre Arbeit integrieren: Wissenschaft baut immer auf den Vorarbeiten anderer auf. Auch wenn Sie eine praktisch orientierte Arbeit schreiben, beispielsweise ein eigenes Softwareprojekt umsetzen, müssen Sie diese im aktuellen Wissenschaftsbetrieb verorten. Nicht zuletzt demonstrieren Sie dadurch, dass Sie den *aktuellen Forschungsstand* kennen und Ihrer Arbeit zugrunde gelegt haben.

Korrektes wissenschaftliches Arbeiten impliziert, dass dem Leser an jeder Stelle klar ist, was Ihre *eigenen Erkenntnisse* sind und was Sie *von anderen übernommen* haben. Da dies auch für die Bewertung eine wichtige Rolle spielt, versichern Sie bei der Abgabe meist schriftlich, dass Sie die Arbeit selbstständig verfasst haben und nur unter Zuhilfenahme der angegebenen Quellen und Hilfsmittel angefertigt haben. Anders ausgedrückt: Sie versichern, dass Ihre Arbeit kein *Plagiat* ist. Die Zitate in Ihrer Arbeit machen dies für den Leser oder Korrektor nachprüfbar.

Plagiate sind seit dem Erscheinen des Buchs „Das Google-Copy-Paste-Syndrom" [Web09] und diverser aberkannter Doktortitel in aller Munde. Was ist ein Plagiat? Dass *direktes Abschreiben* aus dem Werk eines Anderen, ohne dies zu kennzeichnen, plagiieren ist, dürfte klar sein. Aber auch wenn Sie *fremde geistige Errun-*

Plagiat

§

genschaften in Ihrer Arbeit verwenden, egal ob paraphrasiert, übersetzt oder bearbeitet, müssen Sie dies kenntlich machen, also zitieren. Wenn Sie beispielsweise Ihre Einleitung genauso strukturieren wie ein bestimmtes Lehrbuch, sollten Sie dies kennzeichnen, ansonsten haben Sie ein *Strukturplagiat* begangen.

Ein Verstoß gegen das *Urheberrecht* ist ein Plagiat nur dann, wenn Sie ohne Kennzeichnung wortwörtlich Texte, Bilder oder Ähnliches übernehmen. Die wissenschaftliche Idee oder Erkenntnis ist nicht vom Urheberrecht geschützt, allerdings manchmal durch Patente. Bei einer Abschluss- oder Seminararbeit begehen Sie aber mit jeder Art von Plagiat einen Verstoß gegen die *Prüfungsordnung*, was zu Sanktionen bis hin zur Aberkennung des Abschlusses führen kann. In jedem Fall begehen Sie einen Verstoß gegen die *Regeln guter wissenschaftlicher Praxis*. Viele Hochschulen haben diese schriftlich fixiert und für deren Einhaltung eine Ombudsstelle eingerichtet.

Die Zitation und die namentliche Nennung der Autoren dient nicht zuletzt dazu dem Forscher, der das Ergebnis erzielt hat, die ihm zustehende *wissenschaftliche Anerkennung* zukommen zu lassen. Heute mehr denn je wird wissenschaftliche Leistung unter anderem anhand der Anzahl der Zitationen bewertet.

Originalarbeit

Das impliziert, dass Sie immer die *Originalarbeiten* lesen und zitieren sollten: Schreiben Sie über das Public-Key-Verfahren RSA, so zitieren Sie den auf Seite 4 erwähnten Artikel von Rivest, Shamir und Adleman und nicht ein Kryptographie-Lehrbuch, das Sie zufällig besitzen. Für den Leser muss klar sein, wer das Verfahren erstmals beschrieben hat. Das heißt nicht, dass Sie nicht *zusätzlich* auf das Lehrbuch verweisen können, etwa als Hinweis, dass das Verfahren dort besonders klar beschrieben ist.

Lexika

Allein dies schließt übrigens in den meisten Fällen Zitate aus *Lexika* (und damit der Wikipedia) aus: Lexikoneinträge sind keine Originalarbeiten, sondern hier wurde bestehendes Wissen kompiliert. Keine Regel ohne Ausnahme – wollen Sie beispielsweise verschiedene Definitionen eines Begriffs, sagen wir „Corporate Governance", in Ihrer Arbeit zitieren und vergleichen, können Lexika eine geeignete Quelle sein.

Lehrbücher

Aus demselben Grund werden Sie eher selten *Lehrbücher* zitieren, da diese normalerweise keine neuen Erkenntnisse enthalten. Anders sieht dies aus, wenn Sie Ihr einleitendes Kapitel auf ein Lehrbuch stützen, oder es als weiterführende Literatur empfehlen.

Sekundärzitat

Die Originalarbeit sollte Ihnen vorliegen, zitieren Sie nur in absoluten Ausnahmefällen aus zweiter Hand und machen Sie das in der Literaturangabe kenntlich mit „Zitiert nach". Sie riskieren dabei, Zitierfehler anderer zu übernehmen, die letztlich auf Sie selbst zurückfallen.

Generell sollten Sie auf die *Zitierfähigkeit* eines Dokuments achten. Sie können keine wissenschaftliche Arbeit auf anderen Arbeiten aufbauen, die nicht selbst mit wissenschaftlichen Methoden arbeiten. Hierbei spielen die Merkmale, die Sie in Abschnitt 17.1 kennengelernt haben, eine wichtige Rolle.

Zitierfähigkeit

Zur Zitierfähigkeit gehört insbesondere die *Verfügbarkeit* der Quelle. Etwas das nicht verfügbar ist, kann nicht überprüft werden und sollte daher nur im Ausnahmefall zitiert werden. Darunter fällt zum Beispiel Material, das Ihnen vorliegt, aber anderen Lesern nicht zugänglich ist, wie internes Material einer Firma, unveröffentlichte Abschlussarbeiten oder Vorlesungsskripte. Bei Webseiten können Sie die dauerhafte Verfügbarkeit meistens nicht garantieren – wie Sie damit umgehen, behandeln wir im nächsten Abschnitt. Preprints oder Technical Reports sind zitierfähig, solange sie nicht anderweitig erschienen sind – dann sollten Sie unbedingt die Verlagsversion zitieren.

Verfügbarkeit

Preprints

Im Allgemeinen sollten Sie wissenschaftliche Quellen nicht-wissenschaftlichen vorziehen. Bei sehr aktuellen Themen kann es aber durchaus sein, dass es (noch) keine solchen gibt. Dann können Sie ausnahmsweise auf Populärwissenschaftliches, Publikumszeitschriften oder Herstellerinformationen zurückgreifen. Arbeiten Sie wissenschaftlich *über* solche Quellen – nutzen Sie diese also als *Primärquellen* – können und müssen Sie sie zitieren. Beschäftigen Sie sich beispielsweise mit der Qualität von Softwaredokumentationen für Endnutzer, so werden Sie vermutlich einige Betriebsanleitungen zitieren.

Nicht-wissenschaftliche Dokumente

Aussagen, die unstrittig und allseits bekannt sind, brauchen Sie *nicht* zu zitieren. Dies umfasst *Allgemeinwissen* (Steve Jobs war einer der Gründer von Apple), aber auch *Grundlagenwissen Ihres Faches*, wie Sie es sich in den ersten Semestern angeeignet haben (einen Begriff wie NP-vollständig). Die Abgrenzung ist naturgemäß ungenau und von Ihrer Zielgruppe abhängig: Schreiben Sie für theoretische Informatiker, können Sie den Begriff NP-vollständig sicher voraussetzen, lesen Ihre Arbeit Elektrotechnik-Ingenieure, sieht es vielleicht schon wieder anders aus. Wenn Sie einmal im Zweifel sind, ob ein Zitat notwendig ist, fragen Sie sich, ob Ihr Leser denken könnte, die Aussage stamme von Ihnen oder ob er sie überprüfen möchte, um sich von ihrem Wahrheitsgehalt zu überzeugen. Mit dem Motto „Lieber einmal zu oft zitiert, als einmal zu wenig" sind Sie gut beraten.

Allgemeinwissen

Wenn Sie von Anfang an konsequent alle Quellen mit Hilfe eines Literaturverwaltungsprogramms sammeln und dort Ihre Ideen ablegen, entgehen Sie der Gefahr, am Ende nicht mehr zu wissen, was Sie wo gelesen haben. Citavi unterstützt Sie dabei beispielsweise, indem es erlaubt Zitate direkt bei den bibliographischen Daten

abzuspeichern. Hilfreich ist auch ein PDF-Viewer, der in vielen Literaturverwaltungen integriert ist, und der Ihnen ermöglicht, Markierungen und Notizen direkt im
PDF abzuspeichern.

19.2 Wie zitieren?

direktes Zitat

Bei einem Zitat denken viele zunächst an das *direkte Zitat*, das heißt
daran, einen oder mehrere Sätze aus einem anderen Werk wortwörtlich zu übernehmen. Dies kennzeichnen Sie durch Anführungszeichen
oder bei längeren Passagen durch Einrückung. Diese Art des Zitats ist
in den Geistes- und Sozialwissenschaften weit verbreitet, in den tech-
nisch-naturwissenschaftlichen Fächern weniger. Warum ist das so? Ein
direktes Zitat wird dann und nur dann benutzt, wenn es auf den *genau-
en Wortlaut* des Zitierten ankommt oder wenn etwas sich nicht besser
ausdrücken lässt. In den textlastigen Fächer ist das häufig der Fall,
in der Informatik sehr selten. Seien Sie mit wörtlichen Zitaten eher
sparsam. Es ist nichts Ungewöhnliches, wenn Ihre Arbeit kein einziges
enthält.

Wenn Sie doch direkt zitieren, denken Sie daran, jede *Änderung*
am Text kenntlich zu machen, dazu gehören auch Hervorhebungen
wie kursiver oder fetter Schriftschnitt, die Sie selbst vorgenommen haben. Zitieren Sie zudem nur in der *Originalsprache*. Wenn nötig fügen
Sie eine Übersetzung in einer Fußnote bei. In einigen Fällen, unter anderem bei mathematischen Theoremen, ist es auch dann unüblich ein
Zitat in Anführungszeichen zu setzen, wenn Sie es exakt aus der Quelle übernehmen. Die intellektuelle Erkenntnis liegt in diesem Fall nicht
in der genauen Formulierung, ob eine Variable n oder m heißt, spielt
beispielsweise keine Rolle.

indirektes Zitat

Zitation

In der großen Mehrzahl der Fälle beziehen Sie sich auf Erkenntnisse anderer, ohne den Wortlaut zu übernehmen. Das kann ein *indirektes
Zitat* sein, wenn Sie einen oder mehrere Sätze paraphrasierend wieder-
geben, oder allgemein eine *Zitation*. So können Zitationen beispielsweise auf weiterführende Lektüre verweisen („Eine detaillierte Einführung in das Thema findet sich in XY") oder einen Artikel als Ganzes
erwähnen („Die Studie von XY zum selben Thema zeigt ..."). Auch
diese Fälle müssen Sie entsprechend kennzeichnen und die Quellen
im Literaturverzeichnis angeben.

Wenn eine Zitation sich auf eine *bestimmte Stelle* in einer Quelle
bezieht, sollten Sie dies in der Referenz möglichst genau vermerken,
beispielsweise durch eine Seitenzahl oder andere Nummerierungen,

die dem Leser das Auffinden der Stelle erleichtern. Es kann für Ihren Leser sonst sehr frustrierend sein, in einem 1200-seitigen Buch die Stelle zu finden, auf die Sie sich beziehen. Die einfache Nachvollziehbarkeit Ihres Zitats wäre damit nicht mehr gegeben.

Wenn Sie *Online-Quellen* zitieren, hat es sich eingebürgert, dass Sie das *Datum* angeben, an dem Sie die Webseite zuletzt aufgerufen haben. Sie sollten dies kurz vor der Fertigstellung der Arbeit machen, um Ihre Quellen möglichst aktuell überprüft zu haben. Bedenken Sie aber: Wenn eine Webseite ganz vom Netz ist, hilft auch die Angabe des Aufrufdatums nur wenig bei der Rekonstruktion. Eventuell bleibt die Seite durch ein *Webarchiv*, wie das Internet Archive, rekonstruierbar, aber verlassen sollten Sie sich darauf nicht. *Speichern* Sie zur Sicherheit die verwendeten Webseiten daher lokal ab. Webarchive und lokale Kopie helfen Ihnen auch, wenn eine Webseite zwar prinzipiell noch vorhanden ist, Ihre Inhalte sich aber geändert haben.

Online-Quellen

Auch bei Online-Quellen geben Sie, wenn möglich, Daten wie Autor (das kann auch eine Institution oder Firma sein) und Jahr an. Das Impressum der Webseite ist hilfreich, dies zu ermitteln.

Bevorzugen Sie in jedem Fall persistente URLs wie Permalinks oder noch besser DOIs oder URNs, um sicherzustellen, dass Ihre Quelle möglichst lange aufgefunden werden kann. *Digital Object Identifier* (DOI) bzw. *Uniform Resource Name* (URN) ersetzen in der digitalen Welt ISBN und ISSN. Sie werden von zertifizierten Stellen vergeben und bleiben auch erhalten, wenn sich die URL eines Dokuments ändern sollte. Bei den großen Verlagen hat sich die Vergabe von DOIs für Artikel und E-Books durchgesetzt, bei Dokumentenservern und Hochschulschriften sind eher URNs verbreitet.

DOI
URN

Gibt es keinen dieser Identifier und keinen Permalink, versuchen Sie eine möglichst *einfache URL* zu finden. Sie sollte dauerhaft funktionieren – also keine Session-IDs oder Suchabfragen enthalten – und den zitierten Inhalt direkt anzeigen, beispielsweise bei Blogs oder Nachrichtenseiten, die sich regelmäßig ändern.

Bilder (dazu zählen auch Grafiken und Diagramme) unterliegen strengeren Regeln als Wortzitate, da ein Bild an sich ein Werk im urheberrechtlichen Sinne ist. Für wissenschaftliche Zwecke ist das sogenannte *Großzitat* (Zitat eines kompletten Werks) zulässig, dies impliziert aber, dass Sie sich in Ihrer Arbeit inhaltlich mit dem Bild auseinandersetzen und es nicht nur als schmückendes Beiwerk verwenden. Ebenso wie bei Textzitaten ist der Urheber zu nennen. Diese Nachweise geben Sie in einem separaten *Abbildungsverzeichnis* am Anfang oder Ende der Arbeit an. Beachten Sie bitte auch, dass Sie ein Bild ohne Genehmigung des Urheber nicht verändern dürfen.

Bilder

19.3 Zitationsstile

Wie Zitationen und das Literaturverzeichnis konkret aussehen, legt der sogenannte *Zitationsstil* fest. Durch den Stil werden viele Merkmale im Detail geregelt, beispielsweise ob der Autorenname fett gesetzt wird oder der Zeitschriftentitel in Anführungsstrichen steht.

Kurzbeleg

Auch die Art, wie im Text auf Literaturstellen verwiesen wird, bestimmt der Zitationsstil. In der Informatik sind die bei den Plagiatsaffären der letzten Jahre sprichwörtlich gewordenen Fußnoten nicht üblich, stattdessen stehen Kürzel, der sogenannte *Kurzbeleg*, im Text. Diese können numerisch – (3) oder [3] – sein oder sich aus abgekürzten Autorennamen und Jahreszahl zusammensetzen – [Knu90]. Beim Autor-Jahr-System werden ausgeschriebene Autorennamen und die Jahreszahl verwendet – Knuth 1990.

Sortierung

Die *Sortierung des Literaturverzeichnisses* erfolgt meist alphabetisch nach Autorennachnamen, kann bei numerischen Stilen aber auch nach der Reihenfolge der Zitationen im Text erfolgen. Dies ist eher bei kürzeren Texten verbreitet. Außer beim Autor-Jahr-System werden die Kürzel der jeweiligen Literaturangabe im Literaturverzeichnis vorangestellt.

Zitationsstile gibt es Tausende, jedes Fach, jeder Verlag, beinahe jede Zeitschrift hat einen eigenen Stil. Welchen Zitationsstil Sie wählen, hängt von den Rahmenbedingungen ab: Wenn Ihr Betreuer einen bestimmten vorschreibt, nehmen Sie natürlich diesen. Wenn nicht, sollten Sie einen in der Informatik üblichen wählen. Mit den Stilen, die bei IEEE, der ACM oder den LNCS verwendet werden, können Sie nicht viel falsch machen. Diese finden Sie meist auf der entsprechende Webseite unter „Autoren-Hinweise". Auch die üblichen BɪʙTᴇX-Standardstile wie alpha oder plain sind geeignet. In der Wirtschaftsinformatik lehnt man sich häufig eher an die Gepflogenheiten der Wirtschaftswissenschaften an und bevorzugt das Autor-Jahr-System.

Egal welchen Stil Sie wählen, er muss in Ihrer Arbeit durchgängig und *einheitlich* verwendet werden. Werden beispielsweise Autorenvornamen ausgeschrieben, so schreiben Sie sie immer aus. Sie erreichen Einheitlichkeit durch zwei Maßnahmen: Dem automatischen Erzeugen des Literaturverzeichnisses und durch konsistente Metadaten.

Literaturverwaltungsprogramme

Für die Erzeugung der Kurzbelege und des Literaturverzeichnisses, ist *BɪʙTᴇX* (oder biblatex) Ihr Helfer, wenn Sie in LᴬTᴇX schreiben. Nutzen Sie *Word* oder den *Writer* von Open oder Libre Office, sollten Sie die Formatierung der Literaturverweise einem Literaturverwaltungsprogramm überlassen. Meist geschieht dies durch ein *Add-In*, das

die Literaturverwaltung mitbringt (vgl. Abschnitt 19.5). Die Quellenverwaltung von Word bzw. die entsprechende Funktion von Writer,
funktioniert zwar prinzipiell ähnlich, ist aber nicht empfehlenswert.
Sie müssen die Daten alle per Hand einpflegen und die Auswahl an
Zitationsstilen ist sehr begrenzt, die Anpassung mühsam. Auf gar
keinen Fall, auch wenn Sie nur fünf Quellen haben, sollten Sie Ihr
Literaturverzeichnis per Hand tippen. Jede Änderung später wird zur
Tortur und gerade in der Endphase einer Arbeit haben Sie sicher Bes-
seres zu tun, als Formatierungen zu überprüfen oder bei einem Stil
mit numerischen Kurzbelegen Nummern anzupassen, weil Sie eine
zusätzliche Quelle zitiert haben.

Haben Sie bei der Wahl des Zitationsstils Freiheiten, so wählen Sie
am besten einen, den Ihre Literaturverwaltung beherrscht. Bei den ver-
breiteten Literaturverwaltungsprogrammen und BibTeX sind teils mehrere tausend Stile bereits integriert oder aus dem Netz herunterzuladen. Haben Sie rigide Vorgaben, so suchen Sie sich einen möglichst
ähnlichen Stil aus und passen diesen an. Machen Sie sich aber bewusst, dass dies mit einer Menge Arbeit verbunden sein kann, da Sie
unter Umständen Dutzende Formatierungen für jeden Dokumenttyp
festlegen müssen.

Konsistente Metadaten sind für die Einheitlichkeit ebenfalls wichtig. Kürzen Sie beispielsweise Zeitschriftennamen ab, so tun Sie dies
immer auf dieselbe Weise. Gängige Abkürzungen finden Sie in der ZDB
oder EZB. Viele Literaturverwaltungsprogramme erzeugen für mehrfach vorkommende Daten wie Verlags- oder Zeitschriftennamen Listen
mit denen Sie unterschiedliche Schreibweisen leicht zusammenfüh-
ren können. Auch wenn Sie einen automatischen Import verwenden
– achten Sie darauf, dass die Angaben in den richtigen Feldern stehen
und Sie den korrekten Dokumenttyp verwenden. Es können sich sonst
Unstimmigkeiten einschleichen, die bei der Formatierung nicht mehr
auszugleichen sind. Hier ist Ihr Literaturverwaltungsprogramm nur so
gut wie Ihre Daten.

Am besten importieren Sie Ihre Metadaten immer aus derselben
oder einigen wenigen Quellen, die selbst möglichst konsistente und
umfangreiche Metadaten bieten. Die DBLP, Inspec oder die Collection
of Computer Science Bibliographies bieten sich hierfür beispielsweise
an. Trotzdem sollten Sie am Ende immer einen kritischen Blick auf die
Metadaten werfen.

**Konsistente
Metadaten**

19.4 Literaturverzeichnis

Es versteht sich von selbst, dass alles, was Sie in der Arbeit zitieren, im Literaturverzeichnis aufgeführt sein muss. Oft gibt es aber weitere Dokumente, die Sie nur gelesen haben, aber nicht im Text erwähnen. Ob diese mit ins Literaturverzeichnis aufgenommen werden sollen, hängt davon ab, wie Ihre Prüfungsordnung oder Ihr Betreuer dies regelt. Fragen Sie im Zweifelsfall lieber nach! Verzeichnen Sie auch Nicht-Zitiertes, so spricht man korrekt von einer *Bibliographie* statt von einem Literaturverzeichnis. Sie dokumentieren damit, dass Sie Überblick über die fachlich relevante Literatur haben. Eine gute Kompromisslösung ist es, Literaturverzeichnis und ergänzende Literatur getrennt im Anhang aufzuführen. Die Trennung des Literaturverzeichnisses nach verschiedenen Dokumenttypen dagegen, auch die Separierung von Online-Ressourcen, entfällt in der Regel.

Bibliographie

Die Angaben im Literaturverzeichnis dienen in erster Linie dazu, dem Leser zu ermöglichen, das jeweilige Dokument einfach zu finden. Das gelingt nur, wenn Ihre Metadaten korrekt und vollständig sind. Anhand des Dokumenttyps entscheidet sich, welche Metadaten in das Literaturverzeichnis übernommen werden. Bei Zeitschriften ist es beispielsweise wichtig, den Jahrgang sowie Band- und Heftnummern anzugeben. Bei vielen Zitationsstilen werden ISSNs und ISBNs nicht angezeigt – da Sie die Auffindbarkeit aber deutlich erleichtern, können Sie sie mit aufnehmen. Ebenso werden URLs oder DOIs zumeist nur bei bei Artikeln angegeben, die ausschließlich online und nicht gedruckt erschienen sind. Da in der Informatik aber praktisch alle Artikel auch elektronisch erscheinen und gelesen werden, ist es sinnvoll, sie wann immer möglich anzugeben. Sie erleichtern Ihrem Leser den Zugang zu Ihren Quellen enorm. In beiden Fällen – Sie kennen es schon – fragen Sie im Zweifel Ihren Betreuer!

Auffindbarkeit

19.5 Literaturverwaltungsprogramme

Wir haben gesehen, dass Sie ein Literaturverwaltungsprogramm für mindestens zwei Dinge benötigen: um Ihre Literatur zu erfassen und zu verwalten und um in Ihrer Arbeit die Kurzbelege und das Literaturverzeichnis zu erzeugen. Welches Programm Sie auswählen, hängt einerseits vom Angebot – welche Campuslizenzen Ihre Hochschule anbietet, welches Betriebssystem Sie nutzen – andererseits von Ihrem persönlichen Arbeitsstil und Ihren speziellen Anforderungen ab. Ist es für die Arbeitsweise des Einen zentral eine Aufgabenverwaltung integriert zu haben, legt ein Anderer darauf keinen Wert.

Unter den kommerziellen Programmen sind *Citavi*, *EndNote* und *RefWorks* an vielen deutschen Hochschulen als Campuslizenz verfügbar. Citavi ist für Projekte bis zu hundert Datensätzen auch kostenfrei nutzbar. Unter den freien Programmen haben sich im wissenschaftlichen Bereich insbesondere *JabRef*, *Zotero* und *Mendeley* etabliert, die mit den „Großen" durchaus mithalten können. Einen guten Überblick über die gängigen Literaturverwaltungsprogramme sowie ihre Vor- und Nachteile, bietet die tabellarische Darstellung unter http://mediatum.ub.tum.de/?id=1108526.

Verwenden Sie Word oder Writer, so sollten Sie darauf achten, dass Ihr Literaturverwaltungsprogramm die Formatierungsaufgaben gut erledigen kann. Ist „Ihr" Zitationsstil verfügbar, oder lässt sich mit vertretbarem Aufwand ein anderer anpassen? Achten Sie darauf, ob die Möglichkeit besteht, Zitationen um Seitenzahlen, besser noch beliebige Nummerierungen, zu ergänzen, und ob für mehrere Dokumente mit denselben Autoren aus demselben Jahr korrekte Kürzel – beispielsweise [Knu90a] und [Knu90b] – erzeugt werden.

Word
Writer

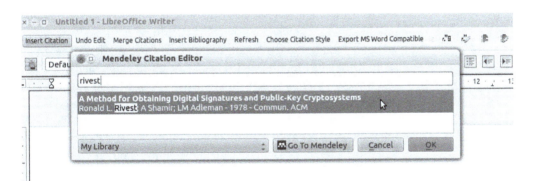

Abb. 47: Das Libre-Office Add-In von Mendeley

Die meisten gängigen Literaturverwaltungen bringen ein Word- bzw. Writer-Add-In mit, das sich ähnlich bedienen lässt, wie die integrierte Quellenverwaltung. Sie schreiben also nicht die Kurzbelege „hart" in Ihren Text, sondern fügen die Verweise per Klick oder mit speziellen Feldbezeichnungen dynamisch ein. Ändern Sie später den

LᴬTEX

Zitationsstil, so ändern sich auch die Formatierungen der Kurzbelege und des Literaturverzeichnisses. Testen Sie, bevor Sie schreiben, gründlich, denn ein Wechsel zwischen verschiedenen Programmen bei einem bereits bestehenden Dokument ist nur schwer möglich, einzige Ausnahme sind Mendeley und Zotero.

Verwenden Sie LᴬTEX, so braucht das Literaturverwaltungsprogramm nur den Kernzweck des Erfassens und Verwaltens zu erfüllen, zur Formatierung haben Sie BᴵʙTEX oder biblatex. Dazu brauchen Sie Ihre Bibliographie zwingend im .bib-Format. Eine Exportmöglichkeit in dieses Format ist also ein Muss für Ihre Literaturverwaltung. Alle gängigen bieten dies, wenn auch von unterschiedlicher Qualität. Bedenken Sie aber, dass Sie bei jeder Anpassung im Literaturverwaltungsprogramm neu exportieren müssen und jede Änderung, die Sie direkt in Ihrer .bib-Datei gemacht haben, überschrieben wird. Auch hier sollten Sie testen, bevor Sie sich für ein Programm entscheiden. Allerdings fällt, anders als bei Word-Nutzern, ein späterer Wechsel leichter, da lediglich der Import der Daten in das andere Programm notwendig ist, an Ihren .tex und .bib-Dateien ändert sich nichts. Achten Sie aber darauf, dass Ihnen die BᴵʙTEX-Keys, Notizen und Ähnliches nicht verloren gehen.

Prinzipiell können Sie ausschließlich eine .bib-Datei verwenden, um Ihre Literaturstellen zu sammeln. Allerdings kann die Verwaltung größerer Bibliographien im LᴬTEX-Editor zur Qual werden. Eine grafische Oberfläche für .bib-Dateien ist in jedem Fall empfehlenswert, zumal diese Programme auch Funktionen von klassischen Literaturverwaltungsprogrammen mitbringen. Zu nennen wären *BibDesk*, das auf dem Mac bei Ihrer LᴬTEX-Installation ohnehin enthalten ist, *KBibTeX* unter Linux oder das betriebssystemunabhängige Java-Programm *JabRef*. Alle bieten mindestens die Möglichkeit Ihre Einträge zu sortieren, BᴵʙTEX-Keys automatisch zu erzeugen und eine übersichtliche, gefelderte Ansicht der Datensätze. Zusätzlich ist die Recherche aus dem Programm heraus für einige Datenbanken möglich, in JabRef beispielsweise bei der ACM, im arXiv und in Citeseer[X].

Eine andere Lösung bietet das Programm *Mendeley*. Es arbeitet zwar nicht direkt mit .bib-Dateien, kann diese aber synchronisieren, sodass Sie nicht jedes Mal exportieren müssen, wenn Sie beispielsweise neue Einträge hinzufügen. Die „Endredaktion" der .bib-Datei sollten Sie ganz am Ende vornehmen, da die Datei bei jeder Änderung durch Mendeley überschrieben wird. Diese Änderungen werden in den allermeisten Fällen notwendig sein, da Mendeley z. B. geschweifte Klammern ignoriert, die für die Kennzeichnung von Großschreibung im Titel oder bei Verwendung von LᴬTEX-Befehlen notwendig sind. Die

Dokumenttypen stimmen zudem nicht mit den in BibTeX verwendeten überein, es fehlt beispielsweise inproceedings für Konferenzartikel. Dafür bietet Mendeley mit einem integrierten PDF-Viewer mit Notizfunktion eine interessante Funktion, die JabRef und andere kostenfreie Programme nicht bieten.

Einige Literaturverwaltungsprogramme (u. a. Citavi und JabRef) können Referenzbefehle wie cite direkt in Ihre .tex-Datei einfügen, wenn Sie einen der unterstützten Editoren verwenden. Ob Sie dies nützlich finden, hängt von Ihrer Arbeitsweise ab, denn auch die meisten gängigen LaTeX-Editoren unterstützen ein Einfügen der Referenzen per Mausklick oder automatischer Ergänzung. Citavi kann zudem BibTeX-Keys erzeugen und ist daher eine gute Wahl, wenn Sie den vollen Funktionsumfang einer Literaturverwaltung ausschöpfen möchten.

Zu guter Letzt

Nach der Lektüre dieses Buchs fühlen Sie sich nun hoffentlich gewappnet, die Recherche für eine Arbeit, egal auf welchem Niveau, kompetent und effektiv durchzuführen.

Wenn Sie doch einmal auf Probleme stoßen, scheuen Sie sich nicht, bei den Profis um Rat zu fragen. Die meisten Bibliotheken bieten für Ihre Nutzer Schulungen an, die von Bibliotheksführungen mit Grundinformationen bis hin zu spezialisierten Schulungen zu bestimmten Datenbanken und Literaturverwaltungsprogrammen reichen. Nutzen Sie dieses Angebot! Mehr und mehr finden Sie auch Online-Tutorials auf den Seiten der Bibliotheken bzw. der Anbieter. Fragen Sie! Jede Bibliothek hat eine Information, wo Ihnen gerne weitergeholfen wird und einen Fachreferenten, der sich um die Literaturversorgung für Ihre Fakultät und gerne auch um Ihre ganz speziellen Fragen kümmert.

Ressourcenverzeichnis

Lizenzpflichtige Quellen sind mit einem **L** gekennzeichnet, die Links führen zumeist zum entsprechenden Eintrag in DBIS. Quellen, die zwar frei nutzbar sind, aber nur mit einer Lizenz oder kostenpflichtigen Version in vollem Umfang genutzt werden können, sind mit **P** gekennzeichnet.

Das Ressourcenverzeichnis ist kostenlos online zugänglich über die Website von De Gruyter: http://www.degruyter.com/view/product/185770

Literatur

[Ram09] Franz J. Rammig. Informatik. In: *Publikationsverhalten in unterschiedlichen wissenschaftlichen Disziplinen: Beiträge zur Beurteilung von Forschungsleistungen*. 2. Aufl. Diskussionspapiere der Alexander-von-Humboldt-Stiftung Bonn: Alexander-von-Humboldt-Stiftung, 2009, S. 84–87. URL: https://www.humboldt-foundation.de/pls/web/wt_show.text_page?p_text_id=1073898.

[Web09] Stefan Weber. *Das Google-Copy-Paste-Syndrom*. 2. Aufl. Telepolis. Hannover: Heise, 2009. ISBN: 978-3-936931-56-3.

[WGB11] Jacques Wainer, Siome Goldenstein und Cleo Billa. „Invisible Work in Standard Bibliometric Evaluation of Computer Science". In: *Communications of the ACM*, 54:5 (2011), S. 141–146. ISSN: 0001-0782. DOI: 10.1145/1941487.1941517.

Sachregister

Abbildungsverzeichnis

Die Abbildungen in den Marginalien auf den Seiten 5, 6, 9, 12, 17, 23, 29, 35, 40, 51, 54–56, 60, 62, 71, 73–75, 81, 83–84, 95–98, 108, 112, 114 und 115 stammen aus Thinkstock. Alle anderen Abbildungen sind Ausschnitte aus dem Angebot der jeweils behandelten Informationsressourcen. Die Marginalie auf Seite 12 stammt vom Herausgeber.

Über die Autorin

Dr. Kerstin Weinl hat an der Universität Augsburg Mathematik mit Nebenfach Informatik studiert und wurde 2006 promoviert. Anschließend absolvierte sie das Bibliotheksreferendariat und arbeitet seit 2009 an der Universitätsbibliothek der Technischen Universität München als stellvertretende Leiterin der Abteilung Bibliothekstechnik und Fachreferentin für Informatik. Dort ist sie an der Konzeption und Durchführung verschiedener Schulungen für Studierende und Doktoranden beteiligt, insbesondere an einer einsemestrigen Vorlesung „Informationskompetenz" für Studierende der Informatik. Als nebenamtliche Dozentin unterrichtet sie an der Bayerischen Bibliotheksakademie.

ERFOLGREICH RECHERCHIEREN

Herausgegeben von Klaus Gantert

www.ingramcontent.com/pod-product-compliance
Lightning Source LLC
LaVergne TN
LVHW082033050326
832904LV00006B/273